カナヘイの小動物
ゆるっと♡カンタン
台湾華語
会話

はじめに

この本は台湾華語に触れる第一歩に最高の一冊です！！

☀ 你好！台湾大好き！カナヘイ大好き！の Iku です。
『カナヘイの小動物 ゆるっと ♥ カンタン台湾華語会話』へようこそ！
語学の勉強となると、説明多くて小難しくて苦手だなーと感じてしまう人もいるのではないでしょうか。
でもこの本なら大丈夫！ピスケとうさぎの思わずクスッと笑える表情を見ながら勉強すれば肩の力を抜いて楽しく台湾華語に触れることができます。

🐷 しかも内容にピッタリのイラストと、超シンプルな文章を使っているので、
どんなときに使えばいいのかも一目瞭然、120 のフレーズが自然にスッと頭に入っていきます。
発音に関しては参考でついているカタカナも見つつ、ぜひ正確な音声を聞きながら何度も声に出して練習してください。

🐰 台湾華語 0 レベルから始め、もう 10 年以上台湾生活をしています。
台湾のやさしくて素敵な方々はあなたがドキドキしながら使った一言一言をきっと喜んでくれます。
さぁ！この本と一緒に台湾に行きましょう！

🐷 最後に、この本の台湾らしさ、そして学びやすさを引き上げるために尽力してくださった台湾政府認定フォルモサ台湾華語教室の連先生、そしてチェックをしてくれた台湾人の方々に心から御礼申し上げます。

Iku 老師

この本の表記について

* 台湾華語は中文のフォントで表記し、その発音をカタカナのルビで示しています。見出しフレーズには注音符号とピンイン表記を付けています。
  またフレーズの日本語訳は [ ] 内に入れています。
* 本来台湾華語の発音は日本語のカタカナで表せるものではありませんが、本書では台湾華語の入門者向けにあくまで参考としてカタカナルビを入れています。さらに学習を進めていくうえでは、注音符号またはピンインを通じて発音を覚えることを推奨いたします。
* 本書に収録している台湾華語のフレーズは、イラストの雰囲気に応じて意訳されています。

台湾華語の発音について

* 注音符号 主に台湾で用いられる中国語の発音記号の一つです。
* ピンイン ローマ字で表した中国語の発音記号です。

この本の使い方

STEP 1

テーマとなる日本語フレーズです。台湾華語ではなんと言うでしょう。

STEP 2

台湾華語のフレーズ。カタカナルビ・注音符号・ピンインです。

※カタカナ表記は参考程度にしてください。実際の音を完全に表すものではありません。

STEP 3

台湾華語フレーズについて、意味や使い方、類語などを解説しています。

音声ファイルのダウンロードの手順

STEP 1 弊社ウェブサイトの商品ページにアクセス！ 方法は次の３通り！

● コードを読み取る
以下のコードを読み取ってアクセス

● 弊社のホームページで商品名を検索
Ｊリサーチ出版のホームページ（https://www.jresearch.co.jp/）にアクセスして、「キーワード」に書籍名を入れて検索。

● URL を直接入力
https://www.jresearch.co.jp/book/b622544.html を入力してアクセス。

「単語＆解説」の略式記号	**慣** 慣用表現	**助** 助詞	**助動** 助動詞	**副** 副詞	**動** 動詞
状 状態動詞	**感** 感嘆詞	**名** 名詞	**疑** 疑問詞	**形** 形容詞	**代** 代名詞	**接** 接続詞
語 語助詞	**程補** 程度補語	**介** 介詞	**動介** 動介詞	**補** 補語	**量** 量詞
動+名 動詞＋名詞	**文** 文法（文型と同じ意味）	**擬** 擬声語	**数** 数詞

ブー カー チー
不客氣
ㄅㄨˋ ㄎㄜˋ ㄑㄧˋ
búkèqì

10
TRACK 10

【どういたしまして】

感謝されたときに、どういたしまして！と言うときに使います。同じ意味で、
台湾独特の言い回しの不會［ブー フゥェイ］もよく使われます。

サクサク使える！ ミニ会話

ニー ソン ウォ ディェンシン ヘン ハオチー シェシェ
你送我的點心很好吃，謝謝。
もらったお菓子美味しかった。ありがとう！

ブーカーチー ニー シーホヮン ジゥ ハオ
不客氣・你喜歡就好。
どういたしまして。好きでよかった。

単語＆解説

ソン 送	**動** 贈る	ハオチー 好吃	**形** おいしい（食べるのに）
ディェンシン 點心	**名** お菓子	シェシェ 謝謝	**動** ありがとう
ヘン 很	**副** とても	シーホヮン 喜歡	**動** 好き・好む

21

STEP 4

フレーズを使った会話文の
例です。参考にしましょう。

㊟同じような意味でも、日本語
と台湾華語で表現の仕方が異
なる場合があります（例：日本
語が疑問文、台湾華語が感嘆
文）。

STEP 5

音声のトラック番号です。
音声は、見出し語、会話文
とも、日本語→台湾華語の
順になっています。

STEP 6

会話文に出てきた単語の意
味を確認できます。

5

キャラクターの紹介

LINE スタンプでも人気のカナヘイの小動物キャラが登場

小動物と女の子
のほほん系女の子と、あちらこちらでピャッと現れる小動物。

ねーねーねこ
語尾がなにかと「ねー」のねこ。

がんばるねー!!

ピスケ＆うさぎ
おちゃらけ小動物
うさぎと
生真面目な鳥
ピスケ。

敬語うさぎ
ゆるい敬語で
日々がんばっている
うさぎ。

了解です！！

もくじ

あんなとき・こんなときのゆるっと台湾華語会話

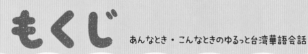

Chapter4　観光・ショッピング …103

Chapter5　食事 …………………131

♥ 台湾に来るならぜひ台湾華語で！

台湾で使われている中国語、台湾華語にはいくつかの特徴があります。

漢字は「繁体字」！

英語で"Traditional Chinese"と表され、従来使われてきた字体を使っています。日本で中国語を勉強したことがある人は、従来の字体を簡略化した「簡体字」で学んだ人が多いと思います。「繁体字」は「簡体字」に比べ画数が圧倒的に多いのが特徴です。

例 日本語 **豊**　繁体字 **豐**　簡体字 **丰**

日本語の漢字は「繁体字」と「簡体字」の間くらいの画数なイメージで、日本人にとっては「繁体字」の方が見ただけで意味がわかるものが多いのではないでしょうか。

発音記号は「注音符号」！
台湾ではローマ字を使った「ピンイン」ではなく、「注音符号」を使っています。こちらは最初の4文字の発音「ㄅㄆㄇㄈ」から、「ブオプオムオフオ」とも呼ばれます。台湾の子ども用の絵本などには漢字の横に書かれていますよ。

Chapter1
あいさつ

会話の基本はあいさつ。起きてから寝るまで毎日使うものを集めました。

おはよーさん！

おやすみなさい

ザオ
早！

ㄗㄠ ˇ
zǎo

【おはよー！】

親しい友達間や同僚で広く使われる朝のあいさつ「おはよう」です。少し丁寧な表現は早安 [ザオ アン]（おはようございます）。早啊 [ザオ ア] は主に女性が使い、「おっはよー♪」というニュアンスになります。

サクサク使える！ ミニ会話

ザオ
早！
おはよー！

ザオ ア
早啊♪
おっはよー♪

単語 & 解説

ザオ
早… 慣 おはよう

ア
啊… 語 文末に用いて感嘆の意を表す

ウォ ガン チー チュアン
我剛起床

ㄨㄛˇ ㄍㄤ ㄑㄧˉ ㄔㄨㄤˊ
wǒ gāng qǐchuáng

【今起きました】

中国語で床 [チュアン] は日本語の床ではなくベッドのことです。 ちなみに
「朝寝坊」は睡過頭 [シュイ グゥォ トウ] と言います。

サクサク使える！ ミニ会話

ウェイ ニー ハイ ザイ シュエイマー
喂？你還在睡嗎？
もしもし、まだ寝てるの？

ウン ウォ ガン チー チュアン
嗯，我剛起床。
うん、今起きたとこ。

単語＆解説

ウェイ 喂	慣	もしもし
ハイ 還	副	まだ
シュエイ 睡	動	寝る

ウン 嗯	感	うん、ええ
ガン 剛	副	〜したばかり

路上小心喔

ルー　シャン　シアオ　シン　オ

ㄌㄨˋ ㄕㄤˋ ㄒㄧㄠˇ ㄒㄧㄣ ㄛ

lùshàng xiǎoxīn ō

【いってらー】

「小心」[シァォ シン]（気をつけて）という意味で、「路上」[ルー シャン]（道で）と合わせると気をつけて行ってきてね。行ってらっしゃいと言うときに使います。

サクサク使える！ **ミニ会話**

ウォ チュ メン ラ
我出門了。
行ってきます。

ワイ メィ エン ユー シャ ダ ヘン ダー　　ルー シャン シアオ シン オ
外面 雨下得很大，路上 小心喔。
土砂降りだから気をつけてね。

単語＆解説

ワイ メィ エン
外面　　名 外

シャ
下　　動 雨や雪が降る

ルーシャン
路上　　名 道中

シアォ シン
小心　　動 気をつける

オ
喔　　語 聞き手への注意を喚起したり関心を寄せたりする

ハイ
嗨

ㄏㄞ
hāi

4

TRACK 4

【ヤッホー】

英語の挨拶のハーイ！からきた言葉で、軽い挨拶としてよく使います。

サクサク
使える！ **ミニ会話**

ハイ　ニー イェ ライ ラー
嗨！你也來啦？
ヤッホー、君も来たんだ。

ウォ ガン ハオ ヨウ コン ジウ ライ ラー
我剛好有空就來啦。
ちょうど暇だったから来ちゃった。

単語＆解説

イェ
也…　**副** 〜も〜

ラー
啦…　**語** 状況の変化や新しい事態の発生を
　　　表す、「了」と同じ意味

ガンハオ
剛好…　**副** ちょうど

ヨウコン
有空…　**状** 暇・時間がある

15

ハオ ジョウ ブー ジィェン
好久不見
厂ㄠˇ ㄐㄧㄡˇ ㄅㄨˊ ㄐㄧㄢˋ
hǎojiǔbújiàn

【ひさしぶり〜】

久しぶりに会った友人に「おひさしぶりです」という意味で使います。このフレーズは好久 [ハオ ジョウ]（長い間）という言葉と、不見 [ブー ジィェン]（会わない）という言葉が合わさって「長い間会いませんでしたね」という意味で使います。

サクサク使える！ ミニ会話

ハオジョウブージィェン　ズイ ジン ゼンヤン
好久不見，最近怎樣？
ひさしぶり〜、最近どう？

ハイ カー イー ラー
還可以啦。
まあまあだね。

単語＆解説

ズイジン
最近 … 副 最近

ゼンヤン
怎樣 … 疑 どうですか？

カーイー
可以 … 状 悪くない

ラー
啦 … 語 感嘆を表す

最近如何？
ズイ ジン ルー ハー
ㄗㄨㄟˋ ㄐㄧㄣˋ ㄖㄨˊ ㄏㄜˊ
zuìjìn rúhé

【最近どーよ？】

久しぶりに会った友人や親しい人に、「最近どう？」という意味で使います。
最近好嗎？［ズイ ジン ハオ マ］（元気してる？）も同じように使います。

 サクサク使える！ **ミニ会話**

ズイ ジン ルー ハー
最近如何？
最近どーよ？

ハイ ブーツゥオ　　ニー ナ
還不錯！你呢？
元気だよ。そっちは？

単語＆解説

如何 ……… 疑 どうですか？
ルーハー

還 ……… 副 まあまあ・どうやら
ハイ

不錯 ……… 状 いい
ブーツゥオ

呢 ……… 語 疑問文の文末に用い，答えを催促する気分を表す。〜か？
ナ

チン　ドゥオ　ドゥオ　ズー　ジャオ
請多多指教！

ㄑㄧㄥˇ ㄉㄨㄛ ㄉㄨㄛ ㄓˇ ㄐㄧㄠˋ
qǐng duōduō zhǐjiào

【よろしくお願いします！】

初めて会った人に使うあいさつ言葉です。請多指教！[チン ドゥオ ズー ジャオ]（よろしく！）と多「ドゥオ」を一つ減らすと少し軽い印象になります。

サクサク使える！ ミニ会話

チェ シー ウォ ダ ミンピィエン　チン ドゥオドゥオ ズー ジャオ
這是我的名片，請多多指教。
私の名刺です。どうぞよろしくお願いします。

チン ドゥオドゥオ ズー ジャオ
請多多指教。
よろしくお願いします。

単語＆解説

ウォ
我……代 私

ミンピィエン
名片……名 名刺

チン
請……動 どうぞ～してください

ドゥオドゥオ
多多……副 とても多い

ズー ジャオ
指教……動 教示する・指導する

18

恭喜你啦！

ゴン シー ニー ラー

《ㄨㄥ ㄒㄧˇ ㄋㄧˇ ・ㄌㄚ

gōngxǐ nǐ la

8

TRACK 8

祝

【おめでとう！】

試験に合格、結婚、出産など、さまざまな場面で使える一言です。恭喜恭喜[ゴン シー ゴン シー]と二回繰り返して使うこともよくあります。

サクサク使える！ ミニ会話

ウォ ヤオ ジェ フン ラ
我要結婚了。
私、結婚することになった。

シー オ　ナー ゴン シー ニー ラー
是喔？那恭喜你啦！
そうなの？おめでとう！

単語＆解説

ジェ フン
結婚 …… 動 結婚する

ヤオ ラ
要…了 …… 文 まもなく〜する
　　　　　　　　そろそろ〜する

ナー
那 …… 接 それでは・それなら

ゴン シー
恭喜 …… 動 おめでとう

ニー
你 …… 代 あなた

19

シェ ラー
謝啦！

ㄒㄧㄝˋ・ㄌㄚ
xiè la

【ありがとう！】

謝謝［シェ シェ］よりも軽く、友達間でよく使います。ビジネスシーンや、
目上の人などにより丁寧に感謝を表したいときには、謝謝您［シェ シェ ニン］
（ありがとうございます）、または感謝您［ガン シェ ニン］がよく使われます。

サクサク使える！ ミニ会話

ツェ ガ ウォ バン ニー ナー
這個我幫你拿。
持ってあげるよ。

オ オ シェ ラー
喔喔！謝啦！
あっ！ありがとう！

単語＆解説

ツェガ
這個……代 これ

バン
幫……動 手伝う

ナー
拿……動 持つ

ブー　カー　チー
不客氣
ㄅㄨˋ ㄎㄜˋ ㄑㄧˋ
búkèqì

【どういたしまして】

感謝されたときに、どういたしまして！と言うときに使います。同じ意味で、台湾独特の言い回しの不會［ブー フゥェイ］もよく使われます。

サクサク使える！ ミニ会話

ニー ソン ウォ ダ ディエン シン ヘン ハオ チー　　シェ シェ
你送我的點心很好吃，謝謝。
もらったお菓子美味しかった。ありがとう！

ブー カー チー　　ニー シー ファンジョウ ハオ
不客氣，你喜歡就好。
どういたしまして。好きでよかった。

単語＆解説

ソン		
送	動	贈る

ディエン シン
點心 名 お菓子

ヘン
很 副 とても

ハオチー
好吃 状 おいしい（食べるのに）

シェシェ
謝謝 慣 ありがとう

シーファン
喜歡 状 好き・好む

21

<ruby>辛<rt>シン</rt>苦<rt>クー</rt>啦<rt>ラー</rt></ruby>

ㄒㄧㄣ ㄎㄨˇ ・ㄌㄚ
xīnkǔ la

【お疲れ～！】

同僚や目下の相手に「お疲れ！」と言うときに使います。普通の挨拶では
辛苦了［シン クー ラ］（お疲れさま）を使います。

サクサク
使える！　**ミニ会話**

<ruby>辛<rt>シン</rt>苦<rt>クー</rt>啦<rt>ラー</rt></ruby>！<ruby>喝<rt>フー</rt>個<rt>ガ</rt>水<rt>シュエイ</rt>休息<rt>シウ シー</rt>一下<rt>イー シャ</rt>吧<rt>バー</rt></ruby>。
お疲れ様、水を飲んで休みましょう。

<ruby>謝謝<rt>シェ シェ</rt></ruby>。
ありがとうございます。

単語＆解説

<ruby>喝<rt>フー</rt></ruby>……　**動** 飲む

<ruby>個<rt>ガ</rt></ruby>……　**量** 軽い気持ちで動作を行う
　　　　ちょっと

<ruby>休息<rt>シウ シー</rt></ruby>……　**動** 休む

<ruby>一下<rt>イー シャ</rt></ruby>……　**文** ちょっと～する

<ruby>吧<rt>バー</rt></ruby>……　**語** 相談・提案の意味を表す

バイ　ラー
掰啦

ㄅㄞ・ㄌㄚ
bāi la

【またねー】

同じ意味で掰掰！[バイ バイ]（またね）もよく使います。再見 [ザイ ジィ エン]（さようなら）よりも軽く、友達間でよく使われます。

 サクサク使える！ **ミニ会話**

ウォシィエン ゾウ ロ　　バイ ラー
我 先 走囉，掰啦！
先行くね、またね～。

ウン　バイ バイ
嗯，掰掰！
うん、またね。

単語&解説

シィエン
先… 副 先に

ゾウ
走… 動 出る・離れる

ロ
囉… 語 状況の変化や新しい事態の発生を表す。意味は「了」と同じ

バイ
掰… 動 語源は英語の「Bye!」。バイバイ！

好好休息吧！

ハオ ハオ シウ シー バー

ㄏㄠˇ ㄏㄠˇ ㄒㄧㄡ ㄒㄧˊ ˙ㄅㄚ

hǎohǎo xiūxí ba

【ゆっくり休んでねー】

相手がしんどそうなときや、就寝前、または別れる前に使われます。

友達間で使う口調ですので、目上の人には請好好休息[チン ハオ ハオ シゥ シー] と言いましょう。

ゴンズゥオ ハオ マン　　ハオ レイ アー
工作好忙，好累啊
仕事が忙しくてしんどい。

シン クー ニー ラ　　ミンティエンファン ジャ ハオ ハオ シゥ シー バー
辛苦你了，明天 放假好好休息吧。
お疲れ様、明日の休みはゆっくり休んでね。

単語＆解説

ゴンズゥォ
工作 …… **名** 仕事

レイ
累 …… **状** 疲れる

バー
吧 …… **語** 相談・提案を表す。～しましょう

（ワン　アン）
晚安
ㄨㄢˇ ㄢ
wǎn'ān

【おやすみ】

夜寝る前に使うフレーズです。就寝前に家族や友達に言ったり、人と別れる際にも使われます。寝る前にした電話やチャットの最後にも使われますよ。ちなみに「おはよう！」は、早！［ザオ］と言います。

サクサク使える！ ミニ会話

（ウォ　ミン　ティエン　ヤオ　ザオ　チー　シェインシュエイ ラー）
我明天要早起，先睡啦。
明日早いから、寝るよ。

（ハオ　ワン　アン）
好，晚安。
オーケー、おやすみ

単語＆解説

（ミンティエン）明天	名 明日		（シェイン）先	副 先に
（ザオ）早	副 早く		（シュェイ）睡	動 寝る
（チー）起	動 起きる・起床する			

25

コーヒーブレイク

うさぎ

 先生！来週台湾へ友達に会いに行きます！

いいね！それじゃ、今勉強している台湾華語じゃなくて、台湾の方言、台湾語って知ってる？

 台湾語！？初めて聞いた！

台湾語を話す人もたくさんいるから、ちょっとできたら驚かれるよ。

 そうなの！？知りたい！

その中でも台湾の友達ともっと仲良くなれる魔法の言葉教えてあげる。

 おおっ！やったー！

その台湾の友達に会ったとき、台湾語の挨拶、呼飽未？[ジャパーブェ]（ご飯食べた？）って聞いてみて！

台湾の友達との距離がぐっと縮まるはずだよ！

 台湾語のあいさつ

みなさん！台湾にはこの本で紹介している台湾華語（台湾で使っている中国語）だけでなく、台湾語、客家語、先住民族の言葉など、いろいろな言語を話す人がいます。

台湾語の**呷飽未？**[ジャパーブェ]（ご飯食べた？）は台湾語の挨拶言葉で、その昔、ご飯を食べるのに苦労した時代に、相手を気遣う「ちゃんとご飯食べた？」という言葉が転じて挨拶言葉になったとのこと。なんともやさしい台湾人らしい素敵な言葉ですよね。

返事は**呷飽啊！**[ジャパーア]食べたよ！

Chapter2

気持ち

心情

楽しい、うれしい、驚き、怒り、など、気持ちを表すちょっとした表現を紹介します。

シィアオ スー
笑死

ㄒㄧㄠˋ ㄙˇ
xiào sǐ

【ウケる】

面白いジョークやシチュエーションに遭遇したときに使われます。また、ネット上のコメントでもよく使われます。相当くだけた表現なので、仲のいい相手とだけ使いましょう。

 サクサク 使える! **ミニ会話**

ズゥオティエン カオ シー ウォ ワン ラ ダイ ビー
昨 天 考試 我 忘 了 帶筆。
昨日のテストでペン忘れた。

シィアオ スー
笑 死 XD
ウケる w

単語＆解説

カオシー 考試	名 テスト		ビー 筆	名 ペン
ワン 忘	動 忘れる			
ダイ 帶	動 持ってくる			

讃！
<ruby>ザン</ruby>
ㄗㄢˋ
zàn

【いいね！】

すごいね！最高だね！というときに使います。ちなみに SNS のグッドボタンも「讃」です。

 サクサク使える！ **ミニ会話**

<ruby>ワ ウォ カオ シー ジー ガー ラ</ruby>
哇！我考試及格了！
わっ！テスト合格した！

<ruby>ザン ラ</ruby>
讃啦！
いいね！

単語＆解説

<ruby>ジーガー</ruby>
及格　**状** 合格する

シュアン ラー

爽啦！

ㄕㄨㄤˇ・ㄌㄚ
shuǎng la

【やったあああ！】

スカッとする、爽快であるという気持ちで、やった〜！よっしゃあ！というとき若者がよく使います。ミニ会話にある颱風假[タイ フォン ジャ]（台風休み）ですが、大型の台風が来ると台湾では地域ごとに判断して、学校や会社が休みになります。大変ですが、待ち望んでいる人も多いです。

サクサク 使える！ ミニ会話

ディエン シー シュオ ミンティエンファン タイ フォンジャ
電視説明天放颱風假。
テレビで見たんだけど、明日は台風で休みになったんだって。

シュアン ラー
爽啦！！
やったあああ！！

単語＆解説

ディエンシー 電視	名 テレビ	タイ フォン 颱風	名 台風
シュオ 説	動 言う・話す		
ファン ジャ 放…假	動＋名 …休みになる		

ハー
蛤 !?
ㄏㄚˊ
há

日本語では「は？」は少し失礼な印象を与えてタブーですよね。しかし、台湾で蛤!?は単純に驚いたときに使われるリアクションです。言われても落ち込まないように。

 ミニ会話
サクサク
使える！

> ウォ ジャオ ダオ ニュ ボン ヨウ ラ オ
> 我交到女朋友了喔！
> 彼女ができたんだ！

> ハー　　ジェン ダ ジャー ダ
> 蛤 !? 真的假的？
> えーっ本当に？

単語＆解説

ジャオ
交　**動** 付き合う・交際する

ダオ
到　**助** 動作の結果や目的が達成される
　　　ことを表す

ニュポンヨウ
女朋友　**名** 彼女・ガールフレンド

ラ
了　**助** 状況の変化や新しい事態の
　　発生を表す

真的假的？

<ruby>真<rt>ジェン</rt></ruby> <ruby>的<rt>ダ</rt></ruby> <ruby>假<rt>ジャー</rt></ruby> <ruby>的<rt>ダ</rt></ruby>？

ㄓㄣ・ㄉㄜ ㄐㄧㄚˇ・ㄉㄜ
zhēnde jiǎde

【マジで？！】

嘘でしょ！？信じられない！という気持ちで使います。驚きや不信感を表すため、話を聞いた直後に使うことが多いです。

 サクサク使える！ **ミニ会話**

我中獎了！！
（ウォ ズオンジィアン ラ）
（クジなど）当たった！！

真的假的？
（ジェン ダ ジャー ダ）
マジで？！

単語&解説

中獎（ズォン ジィアン） 　状 当たる

真的假的（ジェン ダジャー ダ） 　慣 本当に？

【クッソー！】

結構不意に出ている人が多い言葉ですが、かなり乱暴な言葉なので、使う相手が親しい仲でなければ、自分から使うのはやめた方がいいです。

サクサク
使える！ **ミニ会話**

カオ　ジェ タイ ラン ディエンナオ ヨウ ダン ジー　ラ
靠！這台爛電腦又當機了。
くっそー、このボロパソコンまたフリーズしたよ。

ホァンタイ シン ダ バー
換台新的吧。
新しいのに買い替えたら？

単語＆解説

タイ 台	量 機械、設備などを数える。〜台	
ラン 爛	状 ボロボロ・でたらめ	
ディエンナオ 電腦	名 パソコン	

ヨウ 又	副 また
ダンジー 當機	動 フリーズする・システムダウンする

ハオ　ジン　ヂャン　オ
好緊張喔

ㄏㄠˇ ㄐㄧㄣ ㄓㄤ ㄛ
hǎo jǐnzhāng ō

【ドキドキ】

ここでの「好」は「とても」という程度を表します。もし相手が緊張していたら、放輕鬆 [ファン チン ソン] と言ってあげてくださいね。

 サクサク
使える！ **ミニ会話**

> ヤオ ミィエンシー ラ　ハオ ジンチャン オ
> 要面試了，好緊張喔。
> このあと面接だよ。ドキドキするな。

> ファンチン ソンファンチン ソン
> 放輕鬆放輕鬆。
> 落ち着いて。

単語＆解説

ヤオ　ラ 要…了	文 もうすぐ・まもなく…する		ジンチャン 緊張	状 緊張する
ミィエンシー 面試	動 面接		オ 喔	語 聞き手の注意を喚起することを表す
ハオ 好	副 とても		ファンチン ソン 放輕鬆	動＋状 楽にする

ハオ　レイ
好累
ㄏㄠˇ ㄌㄟˋ
hǎolèi

HP

ゼー

ハー

【疲れちゃった】

特に心が疲れたと言いたいときには心好累 [シン ハオ レイ] と言います。
または、累死我了 [レイ スー ウォ ラ]（死ぬほど疲れた）もよく使います。

 サクサク
使える！ **ミニ会話**

> ジンティェン ヨウ ジャー バン ラ　ハオ レイ
> 今天 又加班了，好累。
> 今日も残業して疲れちゃった。

> シン クー ラ
> 辛苦了。
> お疲れ様。

単語 & 解説

ジンティェン 今天	名 今日	レイ 累	状 疲れる
ジャー バン 加班	動 + 名 残業する	シン クー 辛苦	状 苦労する
ハオ 好	副 とても		

23

TRACK 23

ブー　カー　ユェン　リィァン
不可原諒！
ㄅㄨˋ　ㄎㄜˇ　ㄩㄢˊ　ㄌㄧㄤˋ
bùkě yuánliàng

【ゆるせない！】

原諒［ユェン リィァン］が「許す」で、不可原諒！［ブー カー ユェン リィァン］は「許すまじ！」と、相当強い語気になります。

サクサク使える！ ミニ会話

ター ヨウ チー ダオ ラ
他又遅到了。
彼また遅刻したよ。

ブー カー ユェンリィァン
不可原諒！
ゆるせない！

単語&解説

ヨウ　ラ
又…了　　**文** また…した（過去に行った動作、行
　　　　　　為を再度繰り返したときに使います）

チーダオ
遅到　　**状** 遅刻する

ブーカー
不可　　**助** ～してはいけない
　　　　　　～できない

ユェン　リィァン
原諒　　**動** 許す・勘弁する

ウォ フウェイ ジャー ヨウ ダ

我會加油的

ㄨㄛˇ ㄏㄨㄟˋ ㄐㄧㄚ一ㄡˊ ˙ㄉㄜ

wǒ huì jiāyóu de

【がんばる！】

相手を応援するときには「加油！」[ジャー ヨウ]や、「加油加油！」
[ジャー ヨウ ジャー ヨウ]と繰り返して言ったりします。

 サクサク使える！ ミニ会話

ニー ツェ ツーシァオ カオ カオ ダ ブーツウォ　 ジー シュジャー ヨウ
你這次小考考得不錯，繼續加油。
今回の小テストは良かったよ、この調子で頑張っていこう。

シェ シェ　 ウォ フウェイジャー ヨウ ダ
謝謝！我 會 加油的。
ありがとうございます。頑張ります。

単語＆解説

ツェツー 這次	代	今回・この度
カオ 考	動	試験を受ける
ブーツウォ 不錯	形	よい・素晴らしい

ジャー ヨウ 加 油	慣	頑張る
フウェイ ダ 會…的	文	未来に起きることについて可能性 や意志などのニュアンスを表す

39

我不行了...

ウォ　ブー　シン　ラ

ㄨㄛˇ　ㄅㄨˋ　ㄒㄧㄥˊ　˙ㄌㄜ

wǒ bùxíng le

【ムリー】

不行 [ブー シン] だけだと、それはいけないよ！と強く否定するときに使います。自分に対して使うことで、自分はもうダメだ、ムリだという表現になります。

嗚嗚嗚！我已經不行了…。

ウ　ウ　ウ　　ウォ イージン ブー シン ラ

ううう！もうムリだー！

你還好嗎！？

ニー ハイ ハオ マ

大丈夫！？

単語＆解説

已經　イージン　副 もう

不行　ブーシン　状 だめ

我好想你喔

ウォ ハオ シィアン ニー オ

ㄨㄛˇ ㄏㄠˇ ㄒㄧㄤˇ ㄋㄧˇ ㄛ

wǒ hǎo xiǎng nǐ ō

【会いたいねー】

恋人同士になったら必須の一言。SNS で送ってもいいですね。間違っても
なんとも思ってない相手に送らないように。

 サクサク 使える! ミニ会話

ウォ ハオ シィアン ニー オ
我 好 想 妳 喔。
会いたい。

ウォ イエ シー アー パオ ベイ ウォ アイ ニー
我 也 是 啊,寶貝 我 愛 妳。
私も、愛してるよベイビー。

単語 & 解説

ハオ 好	副 ものすごく	アイ 愛	状 愛してる
シィアン 想	動 会いたい		
パオベイ 寶貝	名 ベイビー		

27

TRACK 27

ユエン　ライ　ルー　ツー
原來如此
ㄩㄢˊ　ㄌㄞˊ　ㄖㄨˊ　ㄘˇ
yuánláirúcǐ

【なるほどなるほど～】

なるほど！と相づちを打つときによく使います。別の相づちで（そうなんだ）
這樣啊［ジェ　ヤン　ア］もよく使います。

 サクサク
使える！ **ミニ会話**

ウォ　ズーチィエン　ライ　タイ　ワン　リィウシュエグゥオ　　スォ　イー　フゥイジィアンヂョンウェン
我之前 來台灣 留學過，所以 會 講 中文。
台湾に留学したことがあるから、中国語が話せるんだー。

ユエンライ　ルー　ツー
原 來如此！
なるほど！

単語＆解説

ズーチィエン
之前　　名 以前、前

タイワン
台灣　　名 台湾

リィウ　シュエ
留 學　　動 留学する

スォイー
所以　　接 だから

42

ビィェ ジェ ヤン ラー

別這樣啦

ㄅ一ㄝˊ ㄓㄤˋ 一ㄤˋ ˙ㄌㄚ
bié zhèyàng la

【そ、そんなぁ！】

「このように、このような」という意味の這樣 [ジェ ヤン] に、「～するな」
という別 [ビエ] がついて、そんな！やめてよーという意味になります。

サクサク使える！ ミニ会話

ウォ チャ ブードゥォヤオ チュ シュエイ ラ
我差不多要去 睡 了。
そろそろ寝るね。

ビィェ ジェ ヤン ラー　　ザイ ベイ ウォ イー シャ マー
別 這樣啦，再陪我一下嘛。
そんなこと言わないで、あと少し付き合ってよ。

単語＆解説

チャブードゥォ 差不多	状 そろそろ	
チュ 去	動 目的を表す。～しに行く	
ザイ 再	副 もっと・さらに	

ベイ 陪	動 付き合う	

43

ウォ ナー ヨウ ザイ クー

我哪有在哭！

ㄨㄛˇ ㄋㄚˇ ㄧㄡˇ ㄗㄞˋ ㄎㄨ
wǒ nǎ yǒu zài kū

【泣いてないもん！】

強がりですね。哪有！［ナー ヨウ］は、中国語で「あり得ない！」「そんなことないよ！」といった否定的な意味を表現する口語表現です。それに在哭［ザイ クー］「泣いている」というのがついて、泣いてないもん！という意味になります。

サクサク使える！ ミニ会話

ニー ジン ランクー ラ
你竟然哭了？
まさか泣いてんの？

ウォナー ヨウ ザイ クー　イェンジンリィゥハン アーイー
我哪有在哭，眼睛流汗而已。
泣いてないよ、目から汗が出ただけ。

単語＆解説

ジンラン 竟然	副	なんと・意外にも
クー 哭	動	泣く
ザイ 在	助	～動作・行為の進行を表す。～している

イェンジン 眼睛	名	目
リィゥ 流	動	流れる・流す
アーイー 而已	助	～だけ・～にすぎない

氣死我了！
チー スー ウォ ラ

くーˋ ㄙˇ ㄨㄛˇ ・ㄌㄜ

qìsǐ wǒ le

【ムカつく！】

日本語でも「死ぬほど〜」と使うように、相当な程度を表します。超腹立つ！頭に来た！というときに使います。死という文字がありますが、本当に死ぬわけではありません。

 サクサク使える！ ミニ会話

> ハ ハ ハ　ニー ベイ ラオ シー マー ラ
> 哈哈哈！你被老師罵了！
> ははは！先生にしかられてやんの！

> ブー ヤオ シィアオ　チー スー ウォ ラ
> 不要 笑 ！氣死我了！
> 笑うなよ！ムカつくなぁ！

単語＆解説

ハ
哈 擬 ハハハ

ベイ
被 動介 〜に〜される

マー
罵 動 しかる

シィアオ
笑 動 笑う

怎麼辦！
ゼン マ バン
ㄗㄣˇ・ㄇㄜ ㄅㄢˋ
zěnmebàn

ア…
ア…

【どうしよう！】

どうしたらいいのかと、助けを求めたり、どうしようどうしよう！と独り言を言うときにも使います。

 サクサク使える！ **ミニ会話**

ウォ ブーシアオシン バー ダン アン シャンディアオ ラ　ゼン マ バン
我不小心把檔案刪掉了！怎麼辦？！
データ消しちゃった！どうしよう？！

ウォ ライ カン イー シャ
我來看一下。
ちょっと見てみるね。

単語＆解説

ブーシアオシン 不小心	状	不注意で
ダンアン 檔案	名	データ
シャン 刪	動	削除

你說什麼！？

ニー　シュオ　シェン　マ

ㄋㄧˇ ㄕㄨㄛ ㄕㄣˊ ˙ㄇㄜ

nǐ shuō shénme

【なんだって！？】

相手の言葉が信じられないという気持ちで、なんて言ったの！？と聞き返すように使います。

 サクサク 使える！ ミニ会話

ティンシュオ ター ジェ フン ラ
聽 說 他結婚了。
彼結婚したらしいよ。

ニー シュオ シェン マ
你說 什麼！？
なんだってぇ！

単語＆解説

ティンシュオ
聽 說　　動 ～だそうだ

ジェフン
結婚　　動 結婚する

47

ゼン マ フウェイ ファ シェン チェ ジョン シー
怎麼會發生這種事...
ㄗㄣˇ ㄇㄜ ㄏㄨㄟˋ ㄈㄚ ㄕㄥ ㄓㄜˋ ㄓㄨㄥˇ ㄕˋ
zěnme huì fāshēng zhèzhǒng shì

【なんということでしょう…】

こんなことが起こるなんて信じられない。驚きを隠せないというときに使います。

 サクサク使える！ **ミニ会話**

ティンシュオ ター ズゥオティエンベイ カイチュー ラ
聽 說他昨 天 被開除了。
彼昨日、クビになったんだって。

ジェンダ ジャーダ　ゼン マ フウェイファシェンチェジョンシー
真的假的？怎麼 會 發生這種事…
本当？なんということでしょう…

単語 & 解説

ズゥオティエン
昨 天　名 昨日

カイチュー
開除　動 クビになる

ゼン マ
怎麼　疑 疑問を表す

チェジョン
這種　代 この状況・状態

48

太完美了!!
（タイ　ワン　メイ　ラ）

ㄊㄞˋ ㄨㄢˊ ㄇㄟˇ · ㄌㄜ

tài wánměi le

【すばらしい!!】

パーフェクト！すべてが揃っていて、非の打ち所がないという意味で使います。

 サクサク使える！ ミニ会話

> ターチャンダ ハオリーハイアー
> 她唱得好厲害啊！
> 彼女の歌って本当すごい！

> ジェンダ　　シーザイタイワンメイ ラ
> 真的，實在太完美了！
> ね、本当に素晴らしいね。

単語＆解説

ハオ 好	副	肯定する話しぶり・非常に
リーハイ 厲害	状	すばらしい・すごい
シーザイ 實在	副	本当に・誠に

タイ　ラ 太…了	文	～過ぎる
ワンメイ 完美	形	パーフェクト・完璧

シュオ ダ イェ スー
說的也是
ㄕㄨㄛ ・ ㄉㄜㄧㄝˇ ㄕˋ
shuō de yě shì

【それもそうだね】

相手に何か言われたとき、それもそうだね、確かにそうだよね。と、相手の意見に同意するときに使います。

 サクサク使える！ **ミニ会話**

ファンチン ソン　　マン マン ライジョウハオ
放 輕鬆，慢慢來就好！
落ち着いて！ゆっくりで大丈夫だよ！

シュオ ダ イェ スー　　シェ シェ ニー
說的也是，謝謝你
それもそうだね。ありがとう。

単語＆解説

シュオ ダ イェ スー
說的也是 ⋯⋯⋯ 慣 それもそうだ

シェ シェ
謝謝 ⋯⋯⋯⋯⋯⋯ 慣 ありがとう

完了…
ワン　ラ
ㄨㄢˊ・ㄌㄜ
wán le

【終わった…（絶望）】

取り返しのつかないことが起こったり、大変なことが起こると予見されるときに、もうどうしようもないという気持ちで使います。

 サクサク使える！ ミニ会話

ガンツァイ ダ カオ シーチャオナン ダ
剛才的考試超難的。
今のテスト、ムズかったね。

ワン ラ　ウォワン ラ シエミン ズ
完了…我忘了寫名字。
終わった…名前書き忘れた。

単語＆解説

ガンツァイ 剛才	名 今さっき		シエ 寫	動 書く
ナン 難	形 難しい		ミンズ 名字	名 名前
ワン 忘	動 忘れる			

ゴウ　ラ
夠了

《 ヌ ヽ ・ カ さ 》
gòu le

【もういいよ】

夠 [ゴウ] には「足りる」という意味があり、夠了 [ゴウ ラ] というと、もううんざりだ！いい加減にしろ！という気持ちで使います。

サクサク使える！ ミニ会話

バオチィェン　ジンティエンウォ ハイ シー ビー シュジャーバン
抱歉，今 天 我還是必須加班。
ごめん、今日残業することになっちゃった。

ゴウ　ラ　　ナー ウォシェンフェイジャー
夠了，那我先 回家。
もういい、じゃ先帰るね。

単語＆解説

ハイシー
還是　　副 また

ビーシュ
必須　　副 ～しなければならない

ハオ チー ダイ オ
好期待喔！！

ㄏㄠˇ ㄑㄧˊ ㄉㄞˋ ㄛ
hǎo qídài ō

【たのしみ！！】

好〜喔！[ハオ〜オ]で自分の強い気持ちを言うことができます。好期待喔！
[ハオ チー ダイ オ]は楽しみでしかたないというニュアンスです。

 サクサク
使える！ ミニ会話

ミン ティエン ジョウ ヤオ チュー タイ ワン ラ
明天 就要去台灣了。
もう明日台湾へ行くんだね！

ドゥエイ アー　　ハオ チー ダイ オ
對 啊，好期待喔！
そうそう、楽しみ！

単語＆解説

ミン ティエン 明天	名	明日
ジョウ ヤオ ラ 就 要…了	文	もうすぐ
オ 喔	語	感嘆を表す

2 気持ち

うさぎ

Iku 先生〜、さっきすごく
可愛いうさぎいたよ。

えっ、どこどこ？

鏡見たら目の前にいたん
だ。

笑死（ウケる w）

もー！笑わないでよー！
あっ、そういえば**笑死**って
流行語でしょ？

そうだよ。ほかにもいろい
ろあるから少し紹介するね。

 台湾の流行語

* 怒る　森77 [セン チー チー]
　　怒るの台湾華語は生氣[シェンチー]、発音が似ているから

* 涙目　QQ　[キューキュー]
　　顔文字(T＾T)と同じく、涙目に見えるから

* 何やってんの？　是在哈囉　[スー ザイ ハー ロー]
　　英語で「何してるの？」と言うときに使う「Hello？」から

* お金がない　吃土　[チー トゥー]
　　土を食べなければならないほどお金がないという意味から

Chapter3
コミュニケーション
溝通

ふだんの生活の中で、相手に感想や評価、意志や態度などを伝える表現ばかりを集めました。よく使うものばかりで、覚えておいて損はなしです。

39

TRACK 39

ハオ　ア

好啊！

ㄏㄠˇ・Ｙ
hǎo a

【いいですね！】

いいですね！ OK！と、同意を示すときに使います。実のところ「OK」でも
通じます。

 サクサク使える！ ミニ会話

ヤオ ブ ヤオ イー チー チュ カンディエンイン
要不要一起去看電影？
一緒に映画観に行かない？

ハオ ア　　ヤオ カンシェン マ
好啊！要看什麼？
いいですね！何観る？

単語＆解説

ヤオ ブ ヤオ
要不要 …… **文** 相手を誘うときに使う言葉。
　　　　　　　～しませんか？

イーチー
一起 …… **副** 一緒に

ディエンイン
電影 …… **名** 映画

ブー シン
不行
ㄅㄨˋ ㄒㄧㄥˊ
bùxíng

【ダメです】

「不行」[ブー シン] は、中国語で「いやだ」「ダメだ」という意味があり、相手の行為を許さないというときに使います。また、忙しさなどがキャパオーバーしたときや、気分が悪いときなどに、我不行了[ウォ ブー シン ラ](もうダメだ)と、限界だという意味で使うことがあります。

サクサク 使える！ ミニ会話

ウォ カーイー チー チェ ガ ブ ディン マ
我可以吃這個布丁嗎？
このプリン食べてもいい？

ブー シン ナー シー ウォ ダ
不行。那是我的。
ダメだよ。それ私の。

単語＆解説

カーイー ～ マ		
可以～嗎？	文	～できますか？・～してもいいですか？

ブー シン		
不行	状	ダメ・不同意

ブ ディン		
布丁	名	プリン

ジェン ダ ヘン バオ チィエン
真的很抱歉！

ㄓㄣ ˙ㄉㄜ ㄏㄣˇ ㄅㄠˋ ㄑㄧㄢˋ
zhēn de hěn bàoqiàn

【マジごめん！】

很抱歉［ヘン バオ チィエン］（申し訳ない）の前に「本当」という意味の
真的［ジェン ダ］（本当）がつくことでさらに強い気持ちを表します。

サクサク 使える！ ミニ会話

ニー ゼン マ シェンザイ ツァイ ライ
你怎麼現在才來？
なんで遅れてきたの？

ウォ シュエイ グオ トウ ラ　ジェン ダ ヘン バオ チィエン
我睡過頭了，真的很抱歉。
寝坊しちゃった。マジごめん！

単語 & 解説

ゼン マ
怎麼 [疑] どうして・なんで

シェンザイ
現在 [名] 今

ツァイ
才 [副] やっと・ようやく

ライ
來 [動] 来る

60

ラオ ラ ウォ バー

饒了我吧！

ㄖㄠˊ ・ㄌㄜ ㄨㄛˇ ・ㄅㄚ
ráo le wǒ ba

【カンベンして】

勘弁してよ〜。と許しをこうときに使います。

 サクサク使える！ ミニ会話

ハイ ヨウ ウー ゴン リー オ　ジャー ヨウ
還有五公里喔，加油！
あと 5 キロだよ、頑張って。

ハー　　クァイ ブー シン ラ　ラオ ラ ウォ バー
蛤！？快不行了，饒了我吧！
えー、もう無理だよ、勘弁してよ！

単語＆解説

ハイ
還……**副** まだ・あと

ヨウ
有……**動** ある

ゴンリー
公里……**量** キロメートル

ジャーヨウ
加油……**慣** 頑張る

ブーシン
不行……**状** 限界・ダメ

 61

43

<ruby>你<rt>ニー</rt></ruby><ruby>還<rt>ハイ</rt></ruby><ruby>好<rt>ハオ</rt></ruby><ruby>嗎<rt>マー</rt></ruby>？

ㄋㄧ ˇ ㄏㄞ ／ ㄏㄠ ˇ ・ㄇㄚ

nǐ hái hǎo ma

【大丈夫？】

大丈夫？と相手を気遣う言葉です。相手にショックなことがあったときや、元気がなさそうなときに使いましょう。

 サクサク使える！ **ミニ会話**

<ruby>你<rt>ニー</rt></ruby><ruby>還<rt>ハイ</rt></ruby><ruby>好<rt>ハオ</rt></ruby><ruby>嗎<rt>マー</rt></ruby>？
大丈夫？

<ruby>還<rt>ハイ</rt></ruby><ruby>好<rt>ハオ</rt></ruby><ruby>啦<rt>ラー</rt></ruby>，<ruby>只是<rt>ズーシー</rt></ruby><ruby>頭<rt>トウ</rt></ruby><ruby>有<rt>ヨウ</rt></ruby><ruby>點<rt>ディェン</rt></ruby><ruby>暈<rt>ユン</rt></ruby><ruby>而已<rt>アーイー</rt></ruby>。
大丈夫だよ。ちょっとめまいがするだけ。

単語＆解説

<ruby>只是<rt>ズーシー</rt></ruby> …… 副 ただ〜だけ

<ruby>有點<rt>ヨウディェン</rt></ruby> …… 副 ちょっと・少し

<ruby>暈<rt>ユン</rt></ruby> …… 状 ふらふらする

<ruby>而已<rt>アーイー</rt></ruby> …… 助 〜だけ・〜にすぎない

ピー　ラー
屁啦！
ㄆ一ˋ・ㄌㄚ
pi la

【嘘つけ！】

屁 [ピー] はもともとは「おなら」という意味ですが、嘘つくな！とツッコミ
的なニュアンスでも使うことができます。

 サクサク
使える！ **ミニ会話**

ミンティェン ダ カオ シースェイピィェン カオ ドウ カー イー グゥォ
明天的考試隨便都可以過。
明日のテスト楽勝だよ。

ピー　ラー
屁啦！
嘘つけ！

単語＆解説

スェイピィェン
隨便　副 適当に

カオ
考　動 試験を受ける

ドウ
都　副 たとえ〜ても

カーイー
可以　助 可能を表す。〜ことができる

45

ニー ハイ メイ ハオ マー
你還沒好嗎？
ㄋㄧˇ ㄏㄞˊ ㄇㄟˊ ㄏㄠˇ ・ㄇㄚ
nǐ hái méi hǎo ma

【まだ？】

まだ準備終わらないの？と確認するときに使います。

サクサク使える！ ミニ会話

ザイ ブ チューメンジョウヤオ チー ダオ ラ　ニー ハイ メイ ハオ マー
再不出門就要遲到了，你還沒好嗎？
早く行かないと遅刻しちゃうんだけど、まだ？

ウォ マー シャンジョウ ハオ
我馬上 就好。
あと少し。

単語＆解説

マーシャン
馬上……圖 すぐ・直ちに

ジョウ
就……圖 すぐ

ハオ
好……圖 〜し終わる

ウォ　ザイ　ルー　シャン　ラ
我在路上了

ㄨㄛˇ ㄗㄞˋ ㄌㄨˋ ㄕㄤˋ ・ㄌㄜ
wǒ zài lùshàng le

【今向かってるよー】

遅刻しているときによく使われる言葉です。「もう出たから！」に近いニュアンスになります。

 サクサク使える！ **ミニ会話**

ウェイ　　パオチェイン　ウォイージン ザイ ルーシャン ラ
喂？抱歉，我已經在路上了。
もしもし、ごめん、今向かってるよ。

チーシー ニー ツァイ ガン　チュ メンドゥウェイバー
其實你才剛出門 對 吧？
本当は今家を出たところでしょ？

単語＆解説

パオチェイン 抱歉	慣	すみません・ごめんなさい
イージン　　ラ 已經…了	文	もう・すでに
ルーシャン 路上	名	道中・途中

チーシー 其實	副	実は・実際には
バー 吧	語	推測の意味で使われる

ウォ フゥエイ チー ダオ
我會遲到
ㄨㄛˇ ㄏㄨㄟˋ ㄔˊ ㄉㄠˋ
wǒ huì chídào

【遅れる！】

早めに相手に言いましょうね。逆に「早く着く」と言いたいときには「早到」[ザオ ダオ] です。

サクサク
使える！ **ミニ会話**

ウェイ ウォ カー ノンフゥエイチー ダオ バオチェン
喂？我可能會遲到，抱歉！
もしもし、遅れるかも！ごめん！

メイグァンシー マン マン ライ
沒關係，慢慢來。
大丈夫、ゆっくりでいいよ。

単語＆解説

カーノン
可能 … **助** ～かもしれない

フゥエイ
會 … **助動** 可能性があることを表す

チーダオ
遲到 … **状** 遅刻する

マンマンライ
慢慢來 … **副**＋**動** ゆっくり・急がずに～する

【何かいるものある？】

ついでに何か買おうか？何か必要？と相手に聞くときに使います。

サクサク使える！ ミニ会話

ウォ ヤオ フゥイジャー オ　　ニー ヨウ ヤオ マイ シェン マ マー
我要回家喔，你有要買什麼嗎？
帰るけど、何かいるものある？

バン ウォ マイ ビン カー ラ　　シェ ラー
幫我買瓶可樂，謝啦。
コーラ1本買ってきて！ありがと！

単語＆解説

ヤオ 要	**助動** ～したい・～するつもり		バン 幫	**動** 代わりに…する
マイ 買	**動** 買う		ビン 瓶	**量** びん
シェン マ 什麼	**疑** なにか		カー ラ 可樂	**名** コーラ

67

ニー ダン イー シャ ヤオ ガン マ
你等一下要幹嘛？

ㄋㄧˇ ㄉㄥˇ ㄧˉ ㄒㄧㄚˋ ㄧㄠˋ ㄍㄢˋ ㄇㄚˊ
nǐ děng yíxià yào gànmá

【このあと何か用事ある？】

相手の用事を聞くときに使います。ここでの等一下 [ダン イー シャ] は
「ちょっと待って」という意味ではなく、「後で」という意味の使い方です。

 サクサク使える！ ミニ会話

ニー ダン イー シャ ヤオ ガン マ
你等一下要幹嘛？
このあと何か用事ある？

ウォ ヤオ チュ カン ディエンイン
我要去看電影。
映画観に行くんだ。

単語＆解説

チュ
去‥‥‥‥ **動** 行く

カン
看‥‥‥‥ **動** 見る

ディエンイン
電影‥‥‥‥ **名** 映画

68

生日快樂

シェン リー クァイ ラ

ㄕㄥ ㄖˋ ㄎㄨㄞˋ ㄌㄜˋ

shēngrì kuàilè

【お誕生日おめでとう】

「お誕生日おめでとう」は直接言ってよし、SNS で送ってもよし、ぜひ使ってほしい一言です。

 サクサク使える！ **ミニ会話**

> シェンリークァイ ラ　　チェ シー ウォ ヤオ ソン ニー　ダ リー ウー
> 生日快樂，這是我要送你的禮物。
> お誕生日おめでとう、これプレゼント。

> ウァ　　シェ シェ ニー
> 哇！謝謝你！
> わあ、ありがとう！

単語 & 解説

シェンリークァイ ラ 生日快樂	慣 お誕生日おめでとう	
チェ 這	代 これ	
ヤオ 要	助動 ～したい・～するつもり	

ソン 送	動 贈る
リーウー 禮物	名 プレゼント
ウァ 哇	感 喜んで叫ぶ声・わあ

ハオ リー ハイ
好厲害！

ㄏㄠ∨ ㄌㄧ∖ ㄏㄞ∖
hǎo lìhài

【すごい！】

すごい！と人を褒めるときに使います。相手が優れた技能や能力を発揮し、驚くべき成果を出した場合に使います。スポーツで結果を出したり、芸術で素晴らしい作品を制作したりした相手に「好厲害」[ハオ リー ハイ] と言って才能を讃えることができます。

サクサク使える！ ミニ会話

チェ シー ウォ ズー ジー ツォ ダ
這是我自己做的。
これ、私の手作りだよ。

ジェン ダ ジャー ダ　　　ハオ リー ハイ
真的假的？好厲害！
本当？すごい！

単語 & 解説

ツォ
做 ………… 動 作る

ジェン ダ ジャー ダ
真的假的 …… 慣 本当に？

ハオ
好 ………… 副 とても

リー ハイ
厲害 …… 状 すごい

バイ トゥオ ラ
拜託了！

ㄅㄞˋ ㄊㄨㄛ ・ㄌㄜ
bàituō le

【お願い！】

お願いするときに使います。似た使い方に麻煩你了 [マー ファン ニー ラ]（よろしくお願いします）がありますが、拜託了 [バイ トゥオ ラ] の方が少しラフな印象で、そこをなんとか！と、頼み込むときにも使います。

サクサク 使える！ ミニ会話

バイ トゥオ ラ　ジョウジョウウォ
拜託了！救救我！
お願い！助けてー！

ウォシェン ザイ メイ コン ラー
我現在沒空啦！
今時間ないって！

単語＆解説

ジョウジョウウォ
救救我 …… 動＋代 助けて

シェンザイ
現在 …… 名 今

メイコン
沒空 …… 状 暇がない

71

53

ニー　ハオ　バン
你好棒！

ㄋㄧ˅ ㄏㄠ˅ ㄅㄤˋ
nǐ hǎo bàng

【えらい！】

えらい！きみすごいね！と褒めるときに使います。　ただ、上から目線で褒める意味合いもありますので、目上の人には使わないようにしましょう。

 サクサク使える！ **ミニ会話**

マ　マ　　ウォ バー ファン チュェン チー ワン ラ
媽媽，我把飯 全 吃完了！
お母さん、ご飯全部食べたよ。

ジェンダ マ　　ニー ハオ バン オ
真 的嗎?你好棒喔！
本当?えらいえらい！

単語＆解説

マ　マ
媽媽 …… **名** お母さん

ファン
飯 …… **名** ご飯

ワン ラ
完了 …… **助** 完全に終わること

ジェンダ
真 的 … **副** 本当

有空嗎？
ヨウ　コン　マー
ㄧㄡˇ ㄎㄨㄥˋ ˙ㄇㄚ
yǒukòng ma

54

TRACK 54

【今暇～？】

暇ですか？空いてますか？と相手の時間が空いてるかどうかを聞くときに使います。

サクサク使える！ ミニ会話

ニーシェンザイ ヨウ コン マー
你現在有空嗎？
今暇～？

ヨウ　ゼン マ ラ
有！怎麼了？
暇だよ！どうかしたの？

単語＆解説

シェンザイ
現在 …… 名 今

ヨウコン
有空 …… 動＋名 時間、暇がある

ヨウ
有 …… 動 ある

ゼン マ ラ
怎麼了 …… 慣 どうしたの？

73

ニー ナー シー ホウ フウェイ ダオ
你哪時候會到？

ㄋㄧˇ ㄋㄚˇ ㄕˊ ㄏㄡˋ ㄏㄨㄟˋ ㄉㄠˋ
nǐ nǎ shíhòu huì dào

【いつ着く？】

あとどのくらいで着くのかを確認するときに使います。

 サクサク 使える！ ミニ会話

ニー ナー シー ホウフウェイダオ
你哪時候會到？
いつ着くの？

ウォ ダー ガイ アーシーフェンジョン ホゥ ジョウフウェイ ダオ
我大概 20 分鐘後就 會到
あと 20 分ぐらいで着くよ。

単語＆解説

ナー 哪	疑 どれ、どの	ダーガイ 大概 副 大体
シーホウ 時候	名 時間	ホゥ 後 名 あと
ダオ 到	動 到着する	

【いつでもどうぞー】

予定を聞かれたときなど、「いつでもいいよ」「いつでもどうぞ」と言うときに
使います。

 サクサク使える！ **ミニ会話**

ニー シェン マ シー ホウ ファンビィェン
你什麼時候方便？
いつがいい？

カン ニー　　　スェイ シー ドウ カー イー
看你，隨時都可以。
そっち次第、私はいつでもいいよ。

単語＆解説

シェンマ
什麼……… 疑 どんな〜、どのような〜

シーホウ
時候……… 名 とき、時間

ファンビィェン
方 便……… 形 都合がいい

カン
看……… 動 〜を見て判断する

スェイシー
隨 時……… 副 いつも、常に

75

スエイ ビイェン　　　ウォ　ドウ　カー　イー
隨便，我都可以
ㄙㄨㄟ ／ ㄅㄧㄢ ＼ 　 ＼ㄨㄛ ˇ ㄉㄡ ㄎㄜ ˇ ㄧ ˇ
suíbiàn , wǒ dōu kěyǐ

【適当で、なんでもいいよ !!】

「適当でいいよ」「なんでもいいよ」というニュアンスで使います。あんまり度を過ぎて使いすぎると投げやりな印象を与え、怒られます。

サクサク使える！ ミニ会話

ワンツァンシィアンチーシェン マ
晚餐 想 吃什麼？
晩ごはん何にする？

スエイビイェン　ウォドウカーイー
隨便，我都可以！
適当で、何でもいいよ。

単語＆解説

ワンツァン
晚餐 …… 名 晩ごはん

シィアン
想 …… 助動 ～したい

スエイ ビイェン
隨便 …… 状 適当、いい加減

ドウ
都 …… 副 いずれも・全部

カーイー
可以 …… 助動 大丈夫・できる

【飲みにいきましょう！】

実は日本に比べて、台湾は飲みニケーションをする人が少ない気がします。仕事仲間とも、一緒にご飯だけというのが多いです。日本の感覚だと「お、お酒は？」となることもしばしば。

サクサク使える！ ミニ会話

> ゾウ ウォ メン チュ フー イー ベイ バ
> 走！我們去喝一杯吧！
> さぁ！飲みに行こう！

> ウォ ブー フウェイ フー ジウ ハイ シー イー チー チー ファンジョウ ハオ バ
> 我不 會 喝酒。還是一起吃飯 就好吧。
> お酒飲めないんだよね。やっぱり一緒にご飯にしようよ。

単語＆解説

ゾウ
走 ………… 動 行く・出発する

チュ
去 ………… 動 目的を表す。～しに行く

フーイーベイ
喝一杯 …… 動＋量 お酒を飲む

ハイシー バ
還是…吧 … 文 やっぱり…にしよう！

對不起！

ドゥエイ　ブー　チー
ㄉㄨㄟˋ ㄅㄨˋ ㄑㄧˇ
duìbùqǐ

【ごめん！】

謝るときに使います。軽く謝るときには、不好意思 [ブー ハオ イー スー]（すみません）が使われます。また、より正式な場面ではよく抱歉 [バオ チィェン]（申し訳ない）が使われます。

サクサク使える！ ミニ会話

ドゥエイ ブー チー　　ツァイダオ ニー ダ ジャオ ラ
對 不起！踩到你的腳了！！
ごめん！足踏んだ！

ア　ア　ア　　トンスーウォ ラ
啊啊啊！痛死我了！
ぎゃぁあ！痛すぎる！

単語＆解説

ツァイ
踩 … 動 踏む

ジャオ
腳 … 名 足

トン
痛 … 形 痛い

78

ブー　ヨン　ダン　シン
不用擔心

ㄅㄨˋ ㄩㄥˋ ㄉㄢ ㄒㄧㄣ
búyòng dānxīn

【心配しないで！】

「心配しないで」と相手を安心させるときに使います。「請放心！」[チン ファ
ン シン]（安心してください）と直接「安心して」と言うのもいいですね。

 サクサク
使える！ **ミニ会話**

チェ ツー ダ レンウー ヘンウェイシィエン
這次的任務很危險。
今回の任務は危険だよ。

ブー ヨン ダン シン　　ウォ ヂャオ ニー
不用擔心，我罩你！
俺がカバーするから心配すんな！

単語＆解説

チェ ツー ダ
這次的 …… 代 今回の

レンウー
任務 …… 名 任務・ミッション

ブーヨン
不用 …… 副 〜しないで

ダンシン
擔心 …… 状 不安な気持ちを表す

チャオ
罩 …… 動 カバーする・保護する

79

開玩笑的啦

_{カイ ワン シアオ ダ ラー}

ㄎㄞ ㄨㄢ ／ ㄒㄧㄠ ˋ ・ ㄉㄜ ・ ㄌㄚ

kāiwánxiào de la

ウィン ウィーン

【なーんちゃって】

冗談だよ！ジョークでしたと明かすときに使います。タイミング間違うと大変なことになるので、気をつけて。

 サクサク 使える！ ミニ会話

_{ワ ニー ベイ ホウ ヨウ イー ツー グウェイ ハ カイ ワン シアオ ダ ラー}

哇！你背後有一隻鬼！哈～，開玩笑的啦。
わ！君の後ろにおばけがいる！ハハ〜なんちゃって！

_{ブー ヤオ シア スー レン ハオ ブー ハオ}

不要嚇死人好不好！
驚かさないでよ！

単語＆解説

_{グウェイ} 鬼 …… **名** お化け		_{カイワンシアオ} 開玩笑 …… **動＋名** 冗談
_{ベイホウ} 背後 …… **名** 背後		_{ブーヤオ} 不要 …… **副** 制止を表す
_{ツー} 隻 …… **量** 動物の単位		_{シア} 嚇 …… **動** 驚く

シィアン シン ウォ ラー
相信我啦！

ㄒㄧㄤ ㄒㄧㄣˋ ㄨㄛˇ ˙ㄌㄚ
xiāngxìn wǒ la

【信じろ！！】

信じてくれ！って言葉は漫画とかではよく見ますけど、実際には使ったことないです。相手に自分の言葉や行動への信頼を求めたり、自分の意見を受け入れてもらうために使われることが多いです。

 サクサク 使える！ **ミニ会話**

> イーシェン ウォ ヘン パートン カー イー ダー マー ズイ マー
> 醫生，我很怕痛，可以打麻醉嗎？
> 先生、痛いのが怖いから麻酔してもらっていいですか。

> ファンシン ウォ ジー シュ ヘン ハオ シィアンシン ウォ ラー
> 放心，我技術很好，相信我啦！
> 心配しないで、これ得意だから信じてください。

単語＆解説

イーシェン
醫生 …… **名** お医者さん・先生

パー
怕 …… **動** 不安な気持ちを表す。怖がる

ダー
打 …… **動** 注入

ジーシュ
技術 …… **名** テクニック

シィアンシン
相信 …… **動** 疑わない気持ちを表す。信じる

メイ グァン シー
沒關係

ㄇㄟˊ ㄍㄨㄢ ㄒㄧˋ
méiguānxi

【気にしないで】

「沒關係」[メイ グァン シー] は直訳の「関係がない」という使い方もありますが、そこから転じた「大丈夫、気にしないで」という使い方もあります。

サクサク使える！ ミニ会話

ドゥェイブーチー　　ウォ ツー ダオ ラ
對 不起，我遲到了。
ごめん！遅刻しちゃった。

メイ グァンシー　　ガンクァイチュ ファ バ
沒關係，趕快出發吧。
もういいよ。早く行こう。

単語＆解説

ドゥイブーチー
對 不起 …… 動 ごめん

ツーダオ
遲到 …… 状 遅れた

ガンクァイ
趕 快 …… 副 はやく、急いで

チュファ
出發 …… 動 出発する

ラン　ジン　イー　ディエン
冷靜一點

ㄌㄥˇ　ㄐㄧㄥˋ　ㄧˋ　ㄉㄧㄢˇ
lěngjìng yì diǎn

【落ち着いて！】

相手に「頭を冷やせ」、「落ち着け」と言うときに使います。

サクサク使える！ ミニ会話

ジャオニー メン ラオ バン チュ ライ
叫 你們老闆出來！
責任者を呼べ！

カーレン ニン ラン ジン イーディエン　ファ シェンシェン マ シー ラ
客人您冷靜一點，發生 什麼事了？
お客様、落ち着いてください！何があったんですか。

単語＆解説

ジャオ
叫 …… 動 呼ぶ

ラオバン
老闆 名 旦那・オーナー

カーレン
客人 名 お客様

ニン
您 …… 代 尊称・貴方様

ヘン フゥエイ マー
很會嘛！
ㄏㄣˇ ㄏㄨㄟˋ ˙ㄇㄚ
hěn huì ma

【やるねー】

やるじゃん！やるねーと、相手にさすがだと言いたいときに使います。褒め言葉としても使えますが、皮肉を込めて使われることもあるので気をつけて。

サクサク使える！ ミニ会話

チェ リィアン ガ レン ザイ ズェイ ホウ イ ジー ヂョンユー ザイ イー チー ラ
這 兩 個人 在 最後一集 終於 在 一起 了。
この二人、最終話でやっと恋人になった。

ビィエン ジュ ヘンフゥエイマー
編劇 很會嘛！
やるな、脚本さん！

単語＆解説

チェ
這 ………… 代 この

リィアン ガ レン
兩 個人 …… 量＋名 ふたり

ヂョンユー
終於 …… 副 長い時間を経て得た予想通りの結果。
やっと・ようやく

ビィエンジュ
編劇 …… 名 脚本家

ゼン マ ラ
怎麼了？

ㄕㄣˇ・ㄇㄜ・ㄌㄜ
zěnmele

66
TRACK 66

【どうしたの？】

相手の調子がいつもと違うときなどに、「どうしたの？」と聞くときに使います。

サクサク使える！ **ミニ会話**

ニー ゼン マ ラ　ハイ ハオ マ
你怎麼了？還好嗎？！
どうしたの？大丈夫？！

チェ ガ ラー スー ウォー ラ　ゲイ ウォ シュエイ
這個辣死我了！給我 水 ！
これ辛すぎるよ！水ちょうだい！

単語＆解説

ハイ ハオ マ
還好嗎？ ……… 疑 大丈夫?

ラー
辣 …………… 形 辛い

シュエイ
水 …………… 名 水

チェ ヤン ブ ハオ バ
這樣不好吧

ㄓㄜ丶 一ㄤ丶 ㄅㄨ丶 ㄏㄠˇ ·ㄅㄚ
zhèyàng bùhǎo ba

【まずいでしょ】

「こんなことよくないでしょ」と、相手がやっていることをまずいと思っていること
を本人に伝えるときに使います。

サクサク 使える！ ミニ会話

ジンティエン ダ カオ シー ウォ シュイ グオ トウ ラ
今天的考試我睡過頭了。
今日のテスト寝坊しちゃった。

ジェンジャー　　　ジェ ヤン ブ ハオ バ
真假？！這樣不好吧。
マジで？！まずいでしょ

単語＆解説

カオシー
考試 …… 名 テスト

ジンティエン
今天 … 名 今日

シュイ
睡 ……… 動 寝る

グオトウ
～過頭 … 文 ～しすぎる・超過する

對對對！

ㄉㄨㄟˋ ㄉㄨㄟˋ ㄉㄨㄟˋ
duì duì duì

【そうそう！】

對 [ドゥェイ]（そうです）という意味ですが、話しているときに何度も繰り返して「そうそうそう！」と激しく同意する際に使います。

 サクサク使える！ **ミニ会話**

チェ ベン シュー チャオ ハオ カン
這本書 超好看！
この本超面白いよ！

ドゥェイドゥェイドゥェイ　ウォ イエ ヘン シー ファン
對　對　對！我也很喜歡！
そうそうそう！私も好き！

単語 & 解説

ハオカン
好看 …… 状 本やテレビなどの話の内容が面白い

シュー
書 …… 名 本

シーファン
喜歡 …… 状 好き

87

チャオ ガン シェ ニー ダ
超感謝你的 !!

彳ㄠ ㄍㄢˇ ㄒㄧㄝˋ ㄋㄧˇ · ㄉㄜ
chāo gǎnxiè nǐ de

【超感謝してる！】

謝謝 [シェ シェ]（ありがとう）より感謝 [ガン シェ]（感謝してる）の方が
より気持ちがこもっています。

 サクサク 使える！ ミニ会話

チェ ガ ブ シー ニー ダ チィエンパオ マ
這個不是你的 錢 包嗎？
これ君の財布じゃない？

ドゥエイ ウォ ザオ ヘンジョウ ラ チャオガン シェ ニー ダ
對 ！我找很久了！超感謝你的！
そう！すごく探してたんだ！超感謝してる

単語＆解説

チェ ガ
這個 ………… 代 これ

ブ シー マ
不是〜嗎？ 文 〜じゃないですか？

チィエンパオ
錢 包 ………… 名 財布

ザオ
找 動 探す

バイ トゥオ ラ
拜託了！
ㄅㄞˋ ㄊㄨㄛ˙ ㄌㄜ
bàituō le

【頼む！】

手を合わせてお願い！とか、頼むから！という意味で使います。土下座も意味は通じるので、困ったときにはこの一言と一緒にやってみてください。

 サクサク使える！ **ミニ会話**

> バイトゥオ ラ　ジェ ウォ イバイ クァイチェン
> 拜託了！借我 100 塊錢！
> 頼む！100 元貸してくれ！

> パオ ザイ ウォ シェンシャン
> 包在我身上。
> 任せろ！

単語＆解説

バイトゥオ
拜託 …… 動 お願いする・頼む

パオザイ
包在〜 …… 動＋介 責任を持って引き受ける

シェンシャン
身上 …… 名 体・身

89

トゥオ ニー ダ フー
託你的福
ㄊㄨㄛ ㄋㄧˇ ・ㄉㄜ ㄈㄨˊ
tuō nǐ de fú

【おかげさまで】

その人がいてくれたから、 物事がうまくいったというとき、 これを使ってお礼を
言ったりします。

サクサク 使える！ ミニ会話

トゥオニー ダ フー　　ウォ ダージョウ ラ
託你的福，我得救了。
おかげで助かったよ。

ブー カー チー　　　ブーヤオ ファンザイ シンシャン
不客氣。不要放在心上。
どういたしまして。気にしないでよ。

単語＆解説
ダージョウ
得救……… 動 助かる
ブーカーチー
不客氣……… 慣 どういたしまして

ダン ラン
當然 !!
ㄉㄤ ㄖㄢˊ
dāngrán

【もちろんです !!】

もちろん！当然です！とそれが当たり前であるというときに使います。

 サクサク使える！ ミニ会話

ウォ ジェ フン ニー イン ガイ フゥェイ ライ ツァンジャー バー
我結婚你應該 會 來參加吧？
俺の結婚式に来てくれるよね？

ダン ラン　ウォ メン ドウ レン シー チェ マ ジョウ ラ
當然！我們都認識這麼久了。
もちろん！長い付き合いじゃんか。

単語＆解説

インガイ
應該 …… **助動** 状況から判断して当然〜のはずだ

ドウ　ラ
都〜了 **文** 事態がそこまで及んでいることを表す。もう・すでに

レンシー
認識 …… **動** 知り合う

チャ　ブー　ドゥオ　ガイ　ゾウ　ラ
差不多該走了～

ㄔㄚ ㄅㄨˋ ㄉㄨㄛ ㄍㄞ ㄗㄡˇ ˙ㄌㄜ
chābùduō gāi zǒu le

【そろそろ行くね～】

じゃ、そろそろ…と、その場を離れるときに使います。帰りたいと思っているときに超便利な一言です。

サクサク使える！**ミニ会話**

ヘン ワン ラ　　　ウォ チャ ブードゥオ ガイ ゾウ ラ
很晚了，我差不多該走了。
もう遅いのでそろそろ行くね。

ルー シャン シアオ シン
OK，路上 小心。
オーケー、気をつけてね。

単語＆解説

ヘン
很……… **副** とても

ワン
晚……… **形** 時間的に遅い

ルーシャン
路上…… **名** 道中

シァオシン
小 心… **動** 気をつける

【呆れた】

ドン引きする、呆れるというときに使います。

ア　ウォワン ラ ダイチィエン
啊，我忘了帶錢。
あ、お金持ってくるの忘れた。

シャーイエン
傻眼。
呆れた。

単語 & 解説

ワン
忘　動 忘れる

ダイ
帶　動 持つ

チィエン
錢　名 お金

75

チン　ザイ　シュオ　イー　ツー
請再說一次！
くーㄥˇ ㄗㄞˋ ㄕㄨㄛ ㄧˊ ㄘˋ
qǐng zài shuō yí cì

【もう一回言って！】

相手の説明が聞き取れなかったとき、正直にこれを使いましょう。不好意思［ブー　ハオ　イー　スー］（すみません）を最初につけてもいいですね。

サクサク使える！ ミニ会話

チェビィエンズー　ゾウジョウダオ　ラ
這邊 直走就到了。
真っすぐ行けば着きますよ。

ブー　ハオ　イー　スー　　チン　ザイ　シュオ　イー　ツー
不好意思，請再說一次！
すみません、もう１度言ってください。

単語＆解説

チェビィエン
這邊 … 名 こっち

ズーゾウ
直走 … 副＋動 真っすぐ行く

ダオ
到 …… 動 着く

94

シャ　ツー　ザイ　ユエ　アー
下次再約啊！

ㄒㄧㄚˋ ㄘˋ ㄗㄞˋ ㄩㄝ ・ㄚ
xiàcì zài yuē a

【また会おうね！】

再 [ザイ]（また、もう一度）＋約 [ユエ]（約束する）で、また約束して会おうねという意味になります。

 サクサク 使える！ ミニ会話

ジンティエンイー チー チー ファンジェン ダ ヘン カイ シン
今天一起吃飯真的很開心。
今日一緒に食事できて本当にうれしい。

シャ ツー ザイ ユエ アー
下次再約啊！
今度また会おうね。

単語＆解説

イーチー			ザイ		
一起	副	一緒に	再	副	また
ジェン ダ			ユエ		
真的	副	本当に	約	動	約束する
シャツー					
下次	名	今度・次回			

ダン ウォ イー シャ
等我一下！

ㄉㄥˇ ㄨㄛˇ 一ˊ ㄒ一ㄚˋ
děng wǒ yíxià

【ちょっと待って！】

「等一下」[ダン イー シャ] は、中国語で「ちょっと待って」という意味です。
相手を引き止めたり、電話中などでも相手に待ってもらう際によく使います。

サクサク
使える！ **ミニ会話**

ダン ウォ イー シャ
等我一下！
ちょっと待って！

ㄎㄨㄞˋㄉㄧㄢˇ
快點。
早く！

単語 & 解説

ダン
等………… 動 待つ

イーシャ
一下………… 文 ちょっと…する

ㄎㄨㄞˋㄉㄧㄢˇ
快點 副 相手を催促する言葉。早くし
てください

救我
ジゥ ウォ
ㄐㄧㄡˋ ㄨㄛˇ
jiù wǒ

【助けてー】

同じ意味合いで、救命啊！[ジゥ ミン ア] という言い方もあります。こちら
は叫んで言う感じですね。

 サクサク
使える！ **ミニ会話**

ディェンナオ トゥラン ダンジー ラ　ジゥ ウォ
電 脳突然當機了，救我！
パソコンフリーズしちゃった！助けて！

ウォ カン カン
我看看。
どれどれ。

単語＆解説

ディェンナオ
電 脳 …… **名** パソコン

トゥラン
突然 …… **副** 急に・いきなり

ダンジー
當機 …… **動** フリーズする

ジゥ
救 …… **動** 助ける・手伝う

カンカン
看看 …… **動** 調べる・チェックする

ブー ハオ イー スー
不好意思
ㄅㄨˋ ㄏㄠˇ ㄧ ˋ ˙ㄙ
bùhǎoyìsi

【すみません】

あっ、ちょっとすみません!と、質問する前につけたり、注文の際に言ったり、
道を開けてもらったりなど、非常に便利に使えます。

サクサク 使える! ミニ会話

ブー ハオ イー スー　ジェグゥオイー シャ オ
不好意思，借過一下喔。
すみません、通りますよ。

ア　ドゥェイブー チー
啊，對不起。
あっ、ごめんなさい。

単語 & 解説

ジェグゥオ
借過 … 動 道を開けてください

イーシャ
一下 … 文 ちょっと〜する

オ
喔 … 語 聞き手の注意を喚起することを表す

チェ シー ミィ ミィ
這是秘密
ㄓㄜˋ ㄕˋ ㄇㄧˋ ㄇㄧˋ
zhèshì mìmì

TRACK 80

【ナイショだよ！】

情報や秘密を共有したくない場合に使います。例えば、友達や同僚に話す前に、話題が秘密であることを伝えたい場合に使われることがあります。

サクサク使える！ ミニ会話

チェ シー ミィ ミィ　ニー ブー ヤオ ガオ スー ビィエレン　オ
這是秘密，你不要告訴別人喔。
これ内緒だから誰にも言わないで。

デー ダオ ラ　　ウォ ブー フゥエイ シュオ
知道了，我不會說。
あかった。言わないよ。

単語＆解説

ミィミィ
秘密 … 名 内緒・秘密

ブーヤオ
不要 … 助動 ～してはいけない・～しないでください

ガオスー
告訴 … 動 教える・知らせる

ビィエレン
別人 … 名 ほかの人

99

3 コミュニケーション

うさぎ

 Iku 先生、ドーシャー（台湾語：ありがとう）

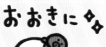

おっ、また台湾語の勉強してるの？

 うん、台湾の可愛いねこと友達になりたいんだ！

えっ、台湾のねこって台湾語しゃべるの？

 ンザィアー（台湾語：知らない〜）

いや、ダメじゃん。ま、でもいくつかよく使う言葉をまとめてみよう。

コミュニケーションに使える台湾語

*こんにちは　你好[リーホー]
こんにちは！と
あいさつするときに使いましょう

*ありがとう　多謝[ドーシャー]
感謝を伝えるときに使いましょう

*すみません　歹勢[パイセー]
すみません、ごめんというときに使いましょう

*わかりません　聽無[ティアボー]
相手が何言ってるかわからないときに使いましょう

*おいしい　好呷[ホージャー！]
おいしい！と言いたいときに使いましょう

*すごい　讚[ザン！]
すごい！と言いたいときに使いましょう

すべての台湾人が台湾語を使うというわけではありません。でも、使う人が聞いたら、「えっどこで覚えたの！？すごいじゃん！」と、喜んでくれると思います。

Chapter4
観光・ショッピング
観光. 購物

お店に行くところから、試着や値切り方、断り方まで、観光やショッピングで使えるフレーズを紹介します。恥ずかしがらずに、まずは声に出して言ってみましょう。

ウォ シィアン チュ チェ リー
我想去這裡！

ㄨㄛˇ ㄒㄧㄤˇ ㄑㄩˋ ㄓㄜˋ ㄌㄧˇ
wǒ xiǎng qù zhèlǐ

【ここ行きたい！】

旅行中にスマホで写真などを指差しながら使ってみましょう！タクシーや、道を聞くときに使えますよ。

 サクサク
使える！ **ミニ会話**

チェ ガ ディファン ハオ ピィアオ リィアン オ　ウォ シィアン チュ チェ リー。
這個地方好漂亮喔，我想去這裡。
ここきれいだね、行ってみたい。

ハオ アー　　ナー ウォ メン シン チー ティエン チュ バー
好啊！那我們星期天去吧。
いいよ、今週の日曜日に行こう。

単語＆解説

チェ ガ 這個	**代** この〜	ピィアオ リィアン 漂亮	**形** きれい・美しい
ディファン 地方	**名** 場所・ところ	ナー 那	**接** じゃあ〜
ハオ 好	**副** とても・なんて	シン チー ティエン 星期天	**名** 日曜日

ヤオ　ゼン　マ　チュ
要怎麼去？
一ㄠˋ ㄗㄣˇ・ㄇㄜ ㄑㄩˋ
yào zěnme qù

【どうやって行くの？】

怎麼［ゼン　マ］＋動詞で、どうやって〜するの？となります。

 サクサク
使える！ **ミニ会話**

ウォ メン ミンティエンヤオ ゼン　マ　チュ
我們明天 要怎麼去？
明日どうやって行くの？

ダー ジェ ユン チュ バー
搭捷運去吧。
MRT に乗って行こうか。

単語＆解説

ミン ティエン
明天　名明日

ゼン マ
怎麼　疑どう〜・どのように〜

ダー
搭　動乗る

ジェユン
捷運　名メトロ・日本語では MRT とも
　　　訳される

105

ツアー スオ ザイ ナー リ
廁所在哪裡？
ㄘㄜˋ ㄙㄨㄛˇ ㄗㄞˋ ㄋㄚˇ ㄌㄧˇ
cèsuǒ zài nǎ lǐ

【トイレどこかな】

これ多分一番必要な一言ですね。旅行に行ったときや日常会話でよく使います。

サクサク使える！ ミニ会話

ツアースオ ザイ ナー リ　ウォ クァイレン ブーチュ ラ
廁所在哪裡？我快忍不住了。
トイレどこかな、漏れそう。

ウェンディエンユエン カン カン ハオ ラ
問店員看看好了。
店員さんに聞いてみよ。

単語＆解説

ツアースオ
廁所　　　 **名** トイレ

クァイ ラ
快…了　　 **文** もうすぐ・まもなく

レンブーチュ
忍不住　　 **状** 我慢できない

ウェン
問　　　　 **動** 聞く・質問する

ディェン ユェン
店員　　　 **名** 店員

休息一下

シウ　シー　イー　シャ

ㄒㄧㄡ ㄒㄧ／ ㄧ／ ㄒㄧㄚ＼

xiūxí yíxià

ぜー・ハー　ぜー　ぜー・ハー　ぜー・ハー　ハー　ぜー・ハー

【ちょっと休もうよ】

一下 [イー シャ] はちょっと、という意味です。

サクサク使える！ ミニ会話

ウォ クァイ ブー シン ラ　シィエン シウ シー イー シャ ラー
我 快 不行了，先 休息一下 啦。
もうダメ、ちょっと休もうよ。

ツァイ ゾウ メイ リィァンシャ ニー ジウ ヤオ シウ シー　ジェンシー ダ
才 走沒 兩 下你就要休息，真是的！
もー！ちょっと歩いただけなのに。

単語＆解説

シィエン 先	副	しばらく
ツァイ 才	副	ただ〜だけ
ゾウ 走	動	歩く

メイリィァンシャ 沒 兩 下	慣	ちょっとだけ〜する
ジェンシー ダ 真 是的	慣	まったくもう！

107

85

TRACK 85

カー　イー　ジェ　ウォ　マー
可以借我嗎？
ㄎㄜˇ ㄧˇ ㄐㄧㄝˋ ㄨㄛˇ ˙ㄇㄚ
kěyǐ jiè wǒ ma

【貸してください】

ペンなどちょっとしたものを借りたりする際によく使います。ちなみに、「もらってもいいですか？」は可以給我嗎？［カー　イー　ゲイ　ウォ　マ］です。

サクサク使える！ **ミニ会話**

チェ ベン シューカー イー ジェ ウォ マー
這本書可以借我嗎？
この本借りていい？

オ　カー　イー　アー
喔，可以啊。
うん、いいよ。

単語＆解説

ベン
本 ……… 量 本や雑誌の数え方。〜冊

シュー
書 ……… 名 本

カーイー　マー
可以〜嗎？ 文 〜してもらえませんか？

ジェ
借 動 貸す

カーイー
可以 状 いい・大丈夫

108

チン ウェン イー シャ
請問一下
くーㄥˇ ㄨㄣˋ ーˊ ㄒーㄚˋ
qǐngwèn yíxià

【ちょっと聞いてもいいですか】

「ちょっと聞きたいんですけど…」と、相手の注意を引く際に使います。丁寧な言い方ですので、誰にでも使えます。

サクサク使える！ ミニ会話

ブーハオ イースー　チンウェンイー シャ
不好意思，請問一下。
すみません、ちょっと聞いてもいいですか？

シー　ゼン マ ラ マ
是，怎麼了嗎？
はい、どうしました？

単語＆解説

ブーハオイースー
不好意思　⸺ すみません

ゼン マ ラ
怎麼了　⸺ どうしたの？

87

TRACK 87

チェ シー シェン マ
這是什麼？

ㄓㄜˋ ㄕˋ ㄕㄣˊ ˙ㄇㄜ
zhè shì shénme

【これ何？】

這［チェ］は（これ）、那［ナー］は（それ、あれ）です。
そもそも何かわからないときにはこのフレーズを使いましょう。

 サクサク使える！ ミニ会話

> チェ シーシェン マ
> 這是什麼？
> これ何？

> ツォンチェ リー ダー カイ ジョウ カー イー ビィエンチェン パオ パオ。
> 從這裡打開就可以變成包包。
> ここから開けるとバッグになります。

単語＆解説

シェン マ		カーイー		
什麼	疑 何	可以	副	できる、OK
ツォン		ビィエンチェン		
從	副 始点を示す。〜から	變成	動 〜に変わる・〜になる
ダーカイ				
打開	動 開ける			

ヨウ ビィエ ダ イェン サー マー
有別的顏色嗎？

ーヌ∨ ㄅーせ／・ㄉㄢㄙㄜˋ ・ㄇㄚ

yǒu biéde yánsè ma

【別の色ある？】

洋服や靴などを買うときに使える一言です。

ミニ会話

チンウェン ヨウ ビィエ ダ イェンサー マー
請問 有別的顏色嗎？
すみません、別の色ありますか。

ムーチィエン ズー シェンシャ チェ ガ イェンサー
目前 只剩下這個顏色。
今はこの色しか残ってないんです。

単語＆解説

ビィエ ダ
別的　名 ほかの

イェンサー
顏色　名 色

ムーチィエン
目前　名 今のところ

ズー
只　副 ただ～だけ

シェンシャ
剩下　動 残る

111

ニー メン マイ ズェイ ハオ ダ シー ナー ガ
你們賣最好的是哪個？
ㄋㄧˇ・ㄇㄣ ㄇㄞˋ ㄗㄨㄟˋ ㄏㄠˇ・ㄉㄜ ㄕˋ ㄋㄚˇ・ㄍㄜ
nǐmen mài zuìhǎo de shì nǎge

【一番人気はどれ？】

このお店の一番人気はどれ？と、売れ筋を聞く際に使うことができます。レストランでも、洋服屋でも使うことができるのでどれを買うか迷ったら聞いてみましょう。

サクサク使える！ ミニ会話

ニー メン マイ ズェイ ハオ ダ シー ナー ガ
你們賣最好的是哪個？
一番人気はどれですか？

チェ ガ ホン サー ダ
這個紅色的。
この赤いのです。

単語＆解説

ニーメン
你們　代 あなたたち。ここではお店のことを指す

マイ
賣　動 売る

ズェイ
最　副 一番・もっとも

ホンサー
紅色　名 赤色

【おすすめは？】

旅行中にこれが使えたら最強です。自分で考えずにどんどん相手に聞いちゃいましょう。ちなみに何かアドバイスある？は有什麼建議嗎？［ヨウ シェン マ ジィエン イー マ］と言います。

サクサク使える！ ミニ会話

チンウェンヨウシェン マ トゥエイジィエン ダ マー
請問有什麼推薦的嗎？
おすすめはなんですか？

ウォ ダ ファトゥエイジィエンジェ ガ ハンジェ ガ
我的話推薦這個和這個。
個人的にはこれとこれがおすすめです。

単語＆解説

チンウェン 請問	價	お伺いします
ヨウ 有	動	ある
シェンマ 什麼	疑	なにか

トゥエイ ジェン
推薦　動 薦める

ダ ファ
〜的話　文 仮定を表す。〜なら

113

ウォ カー イー シィエン カン イー シャ マー
我可以先看一下嗎？
ㄨㄛˇ ㄎㄜˇ ㄧˇ ㄒㄧㄢ ㄎㄢˋ ㄧˊ ㄒㄧㄚˋ・ㄇㄚ
wǒ kěyǐ xiān kàn yíxià ma

【まずちょっと見てもいい？】

お店に入ってすぐに店員さんが来たときには、これを使いましょう！

サクサク使える！ **ミニ会話**

チンウェンシィアンザオシェン マ
請問 想 找什麼？
何かお探しですか。

ウン　　ウォ カー イーシィエン カン イー シャ マー
嗯，我可以 先 看一下嗎？
そうですね。ちょっと見てもいいですか？

単語＆解説
シィアン
想　**助動** 〜したい
ザオ
找　**動** 探す
カン
看　**動** 見る

カー イー シー チュアン マ
可以試穿嗎?

ㄎㄜˇ ㄧˇ ㄕˋ ㄔㄨㄢ ・ㄇㄚ
kěyǐ shìchuān ma

【試着していい?】

洋服などは買う前に試着してみましょうね。ちなみに試食は「試吃」[シーチー]です。

 サクサク使える! ミニ会話

チンウェンカー イー シーチュアン マ
請問可以試穿嗎?
試着できますか?

カー イー アー　　シー イージィェンズー ゾウ ヨウ ショウ ビィェン ジウ シー ラ
可以啊,試衣間直走右手邊就是了。
はい、できますよ。試着室はここから真っすぐ行って右側になります。

単語&解説

シーチュアン
試穿　**動** 試着する

シーイージィェン
試衣間　**名** 試着室

ズーゾウ
直走　**副**+**動** 真っすぐ行く

ヨウショウビィェン
右手邊　**名** 右側

115

好看嗎？

ハオ　カン　マ

ㄏㄠˇ ㄎㄢˋ ・ㄇㄚ
hǎokàn ma

【似合ってる？】

「これは見栄えがいいですか？」や「これは魅力的ですか？」という意味で
使います。この洋服似合ってる？と聞かれて答えるときには、很好看！[ヘ
ン ハオ カン]（とても似合ってる！）、還好 [ハイ ハオ]（まあまあ）、不太
好看[ブー タイ ハオ カン]（あまり似合ってない）などと言うことができます。

サクサク使える！ ミニ会話

ニージュエ ダ ハオ カン マ
你覺得好看嗎？
どう？似合ってる？

ウン　ヘン ハオ カン
嗯，很好看。
うん、とても似合ってる。

単語＆解説

ジュエ ダ
覺得　動 〜と思う

ヘンハオカン
很好看　状 魅力的。ここでは「とても似
　　　　合っている」

ドゥオ シャオ チイェン
多少錢？
ㄉㄨㄛ ㄕㄠˇ ㄑㄧㄢˊ
duōshǎoqián

【いくらですか？】

値段を聞くときに使います。

これでいくらですか？は這樣多少錢？［チェ ヤン ドゥオ シャオ チィエン］全部でいくらですか？は總共多少錢？［ゾン ゴン ドゥオ シャオ チィエン］

サクサク使える！ ミニ会話

ラオ バン チェ ヤンドゥオ シャオ チィエン
老闆這樣多少錢？
これでいくらですか？

イ バイ ウー
一百五。
150元です。

単語＆解説

チェ ヤン
這樣　　代 これで

ドゥオ シャオ
多少　　疑 いくつ・どれほど

チィエン
錢　　　名 お金

イ バイ ウー
一百五　数 150元

我想要這個！

ウォ シィアン ヤオ チェ ガ

ㄨㄛˇ ㄒㄧㄤˇ ㄧㄠˋ ㄓㄜˋ ·ㄍㄜ

wǒ xiǎngyào zhège

【これ欲しい！】

これが欲しいというときに使います。レストランや買い物で使いましょう！

 サクサク使える！ **ミニ会話**

チェ パオ パオ ハオ クー アイ オ　ウォ シィアン ヤオ チェ ガ

這包包好可愛喔，我想要這個！
このバッグ超かわいい。欲しい！

ニー パオ パオ プー シー イー ジン ヘン ドゥオ ラ

你包包不是已經很多了？
もういっぱい持ってるじゃん！

単語&解説

パオパオ 包包	名 かばん・バッグ	
クーアイ 可愛	形 かわいい	
プーシー 不是～？	文 反語を表す。～ではないか？	

イージン
已經　副 もう・すでに

118

（カー　イー　スウァンピィエン　イー　イー　ディエン　マー）

可以算便宜一點嗎？

ㄎㄜˇ ㄧˇ ㄙㄨㄢˋ ㄆㄧㄢˊ ㄧˊ ㄧˋ ㄉㄧㄢˇ ‧ ㄇㄚ

kěyǐ suàn piányí yìdiǎn ma

TRACK 96

ちら…

【ちょっと安くならない？】

かなり高額なものでない限り、一個だけ買うときには使ってもダメで、複数買うときなどに使うと成功しやすいです。

サクサク使える！ ミニ会話

（カー イー スウァンピィエン イー イーディエンマー）
可以 算 便宜一點 嗎？
ちょっと安くならない？

（ブー ハオ イース― ウォメン イー ジン ヨウ タージャ ラ）
不好意思，我們已經有特價了。
すみません、すでに割引価格です。

単語＆解説

スゥアン 算	動 計算
ビィエンイー 便宜	形 安い
イーディエン 一點	副 ちょっと

| イージン 已經 | 副 もう・すでに |
| タージャ 特價 | 名 割引・特売 |

マイ リィアン ガ ヨウ メイ ヨウ ダー ザー
買兩個有沒有打折？
ㄇㄞˇ ㄌㄧㄤˇ·ㄍㄜ ㄧㄡˇ ㄇㄟˊ ㄧㄡˇ ㄉㄚˇ ㄓㄜˊ
mǎi liǎngge yǒuméiyǒu dǎzhé

【二つ買ったら安くならない？】

台湾のお店ではよく買一送一 [マイ イー ソン イー] という、一つ買ったら一つ無料でついてくるという特別な割引をやっています。

サクサク使える！ ミニ会話

> マイ リィアン ガ ヨウ メイ ヨウ ダー ザー
> 買兩個有沒有打折？
> 二つ買ったら安くならない？

> リィアン ガ ダ ファスゥアンニー ジゥザー
> 兩個的話算你九折。
> 二つなら 10%オフにしてあげるよ。

単語＆解説

マイ
買 ……… 動 買う

ダーザー
打折 …… 動 割引する

ダ ファ
～的話 …… 文 仮定を表す。～なら

ジゥザー
九折 …… 数 ＋ 名 1 割引

老闆，兩個這個
ラオ バン　　リィアン ガ チェ ガ

ㄌㄠˇ ㄅㄢˇ，ㄌㄧㄤˇ・ㄍㄜ ㄓㄜˋ・ㄍㄜ

lǎobǎn，liǎngge zhège

【オーナー、これ二つ！】

老闆 [ラオ バン] には「社長、オーナー、店主、ボス」などの意味が
あります。女性の場合は「老闆娘」[ラオ バン ニィアン]（女性の社長）
です。

 サクサク
使える！　**ミニ会話**

ラオ バン　リィアン ガ チェ ガ
老闆，兩個這個。
オーナー、これ二つください。

ドゥェイ ブー チー　　チェ シー ズイ ホウ イー ガ
對 不起，這是最後一個。
ごめんなさい、これ最後の一個です。

単語 & 解説

チェ ガ
這個　**代** これ

ガ
〜個　**量** 〜つ

ズイ ホウ
最後　**名** 最後

ゾン ゴン ドゥオ シャオ
總共多少？
ㄗㄨㄥˇ ㄍㄨㄥˋ ㄉㄨㄛ ㄕㄠˇ
zǒnggòng duōshǎo

【全部でいくら？】

トータルでいくらですかと、合計金額を聞くときの使い方です。細々といろ
いろなものを買いたいときや、レストランなどで会計するときにも使えますね。

 サクサク使える！ ミニ会話

チェ ヤン ゾン ゴン ドゥオ シャオ
這樣總共多少？
全部でいくらですか？

ゾン ゴン シー ウー バイ ユェン
總共是 500 元。
500 元になります。

単語＆解説

チェ ヤン
這樣　　代 このように

ゾン ゴン
總共　　副 全部で・合計して

ドゥオ シャオ
多少　　疑 いくら

我買來送人的

ウォ マイ ライ ソン レン ダ

ㄨㄛˇ ㄇㄞˇ ㄌㄞˊ ㄙㄨㄥˋ ㄖㄣˊ・ㄉㄜ

wǒ mǎi lái sòng rén de

【プレゼント用です】

プレゼント用にラッピングして欲しいときなどに使いましょう。自分用の場合は自己用 [ズージーヨン] です。

 サクサク使える！ **ミニ会話**

ウォ シー マイ ライ ソン レン ダ　　カー イー バン ウォ バオ ジュアン イー シャ マー
我是買來送人的，可以幫我包裝一下嗎？
これプレゼント用なのでラッピングしてもらえますか。

ハオ ダ　　チン シャオ ダン
好的，請稍等。
はい、少々お待ちください。

単語＆解説

マイ 買	動 買う	バオジュアン 包裝	動 ラッピングする
ライ 來＋動詞	文 目的を表す		
ソン 送	動 贈る・プレゼントする		

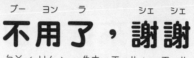

101

TRACK 101

ブー ヨン ラ シェ シェ
不用了，謝謝
ㄅㄨˊ ㄩㄥˋ ・ㄌㄜ ，ㄒㄧㄝˋ ・ㄒㄧㄝ
búyòng le , xièxie

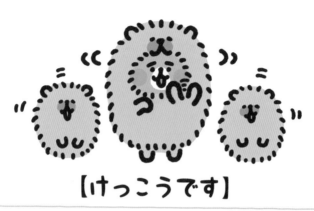

【けっこうです】

いりませんと断るときに使いますが、後ろに謝謝がついていることで少しニュアンスが和らぎます。

サクサク使える！ **ミニ会話**

チェ ガ ヤオ マー
這個要嗎？
これいる？

ブー ヨン ラ シェ シェ
不用了，謝謝。
いえ、けっこうです

単語＆解説

ヤオ
要 　動 必要

ブーヨンラ
不用了 　慣 けっこうです

這個先不用

チェ ガ シィエン ブー ヨン

ㄓㄜˋ・ㄍㄜㄒㄧㄢㄅㄨˊㄩㄥˋ

zhège xiān búyòng

【これはいらない】

体感としては日本よりもはっきりと「いらない」と言ったほうが楽しく買い物で
きます。ズバッと言いましょう。

 サクサク
使える！ **ミニ会話**

チェ ガ シィエンブー ヨン
這個 先 不用。
これは要らないです。

ハオ ダ　　ナー ドン シー ゲイ ウォ ジゥ カー イー ラー
好的，那東西給我就可以了。
わかりました。こちらで片付けますね。

単語＆解説

シィエン
先　　■とりあえず今は

ブーヨン
不用　　■要らない

ナー
那　　■それでは

ドンシー
東西　　■もの。ここでは商品の意

ゲイ
給　　■くれる・渡す

125

我再考慮一下

ウォ ザイ カオ リュ イー シャ

ㄨㄛˇ ㄗㄞˋ ㄎㄠˇ ㄌㄩˋ ㄧˊ ㄒㄧㄚˋ

wǒ zài kǎolǜ yíxià

【もうちょっと考えるわ】

その場で購入を決断できないときにはこの言葉を使いましょう。同じシチュエーションで、我再看一下[ウォ ザイ カン イー シャ](もうちょっと見てみるね)もよく使います。

サクサク使える! ミニ会話

ブーハオ イースー　ウォ ザイ カオ リュ イーシャ
不好意思，我再考慮一下。
すみません。もうちょっと考えます。

ハオ ダ　メイグァンシー
好的，沒關係。
はい、わかりました。

単語&解説

ザイ 再	副	さらに・もっと
カオリュ 考慮	動	考える・考慮する
イーシャ 一下	文	ちょっと〜する

ハオ ダ 好的	慣	わかりました・かしこまりました
メイグァンシー 沒關係	慣	大丈夫・構わない

ウォ シィアン ヤオ トゥイ フォー

我想要退貨

ㄨㄛˇ ㄒㄧㄤˇ ㄧㄠˋ ㄊㄨㄟˋ ㄏㄨㄛˋ

wǒ xiǎngyào tuìhuò

【返品したいです】

買って帰ったけど、サイズが合わなかったり汚れがあったりして、返品したいというタイミングで使いましょう。レシートを忘れずにね。

 サクサク
使える！ **ミニ会話**

ブー ハオ イー スー　　ウォ シィアンヤオトゥイフォー
不好意思，我想要退貨。
すみません、返品したいんですけど。

ハオ ダ　　　ニン ヨウファービィアオ マ
好的，您有發票嗎？
かしこまりました。レシートはございますか？

単語＆解説

シィアンヤオ 想要	助動 〜したい		ヨウ 有	動 あります
トゥイフォー 退貨	動＋名 返品		ファービィアオ 發票	名 レシート
ニン 您	代 丁寧な「あなた」			

コーヒーブレイク

へぇ、いいじゃん。
似合いそう。

でしょでしょ！！
あれ？9折って9割引？激安
じゃん！

違うようさぎ。
それ 10% OFF だよ。

♥ 台湾のいろいろな割引

*9折[ジゥ ザー]
　9掛け(0.9かける)という意味、つまり10%オフ。
　1折なら90%オフです。

*買1送1[マイ イー ソン イー]
　1つ買ったら1つ無料でプレゼント。2つ手に入ります。

*買2送1[マイ アー ソン イー]
　こちらは2つ買ったら1つ無料でプレゼント。
　合計3つ手に入ります。

*加10元多1件[ジャー シー ユェン ドゥオ イー ジェン]
　1つ分の金額＋10元でもう一つもらえます。

*第2件8折[ディ アー ジェン バー ザー]
　2つ買うと、1つ目は定価、2つ目が20%オフになります。

割引のことを中国語で折扣[ザーコウ]と言います。うれしくなって
ついすぐ買いたくなりますが、日本とは少し表示の仕方も違うので、
まず落ち着いてどれくらいお得かをみてから買い物しましょう。

Chapter5

食事

用餐

台湾は美味しいグルメがたくさんあります。食事の際に役立つフレーズを集めました。現地の言葉を使うことでいつもよりちょっぴり美味しく感じるかもしれません。

ニー シィアン チー シェン マ
你想吃什麼？

ㄋㄧ ˇ ㄒㄧ ㄤ ˇ ㄔ ㄕ ㄣ ˊ ・ㄇ ㄜ
nǐ xiǎng chī shénme

【何食べたい？】

誰かとレストランなどに入ったとき、一言目はこれですね。「〇〇が食べたい！」
というときには、「我想吃〇〇！」[ウォ シィアン チー 〇〇！] です。

サクサク 使える！ ミニ会話

ニー シィアンチーシェン マ
你想吃什麼？
何食べたい？

スェイビィエン ドウカーイー
隨便，都可以。
適当で、何でもいいよ。

単語＆解説

シェンマ
什麼 …… 疑 何

スェイビィエン
隨便 …… 慣 適当、いい加減

ドウ
都 …… 副 いずれも・全部

カーイー
可以 …… 状 OK・大丈夫

ハオ シィアン フー ジェン ナイ
好想喝珍奶

厂幺ˇ 丁一尢ˇ 厂さ 坐ㄣ 3ㄞˇ
hǎo xiǎng hē zhēnnǎi

【タピオカミルクティー飲みたい！】

台湾のタピオカミクティーは甘さと氷の量を選ぶことができます。個人的な
オススメは微糖少冰［ウェイ タン シャオ ビン］（甘さ控えめ、氷少なめ）で
す。

 サクサク 使える！ **ミニ会話**

ハオシィアンフージェンナイ
好想喝珍奶。
タピオカミルクティー飲みたい。

ニー ブー シーシュオヤオジィェンフェイマー
你不是說要減肥嗎？
ダイエットをするんじゃないの？

単語＆解説

フー
喝 …… **動** 飲む

ジェンナイ
珍奶 …… **名**「珍珠奶茶」の略。タピオカミ
　　　　　　　ルクティー

シュオ
說 …… **動** 言う・話す

ジィェンフェイ
減肥 …… **動**＋**名** ダイエットする

ウォ チン ニー ラー
我請你啦！
ㄨㄛˇ ㄑㄧㄥˇ ㄋㄧˇ ㄌㄚ
wǒ qǐng nǐ la

【おごったげる！】

ちなみに割り勘は各付各的［ガー フー ガー ダ］（それぞれ払う）と言います。

 サクサク使える！ **ミニ会話**

ウォ カン イー シャ ドゥオ シャオ チエン
我看一下多少錢。
いくらか見てみるね。

アイ ユゥオ　ウォ チン ニー ラー
唉唷，我請你啦！
いいよ、おごったげるから

単語＆解説

カン
看 …… 動 見る・チェックする

ドゥオシャオ
多少 …… 疑 どれほど・いくら・いくつ

アイユゥオ
唉唷 …… 感 もー

チン
請 …… 動 おごる

フ ァ ン　イ ー　ジ ャ　デ ィ エ ン　ハ オ　ラ
換一家店好了…

ㄏㄨㄢˋ ㄧˋ ㄐㄧㄚ ㄉㄧㄢˋ ㄏㄠˇ ・ㄌㄜ
huàn yìjiā diàn hǎo le

108
TRACK 108

【別の店にしよ…】

変だなと思ったらスパッとこの言葉を言いましょう。無理に食べるとお腹が痛く
なることもありますよ。

 **サクサク
使える！ ミニ会話**

イー　ガ　カー レン ドウ メイ ヨウ
一個客人都沒有。
お客さん一人もいないね。

ウォ メン ハイ シー ファン イー ジャ ディエン ハオ　ラ
我們還是換一家店好了…
やっぱり別の店にしようよ

単語＆解説

ハイシー　　ハオ ラ
還是…好了 　　文 やっぱり…しよう

ファン
換 　　　　　　動 変える・変更する

イージャ
一家 　　　　　量 お店や会社を数える表現

カーレン
客人 　　　　　名 お客

メイヨウ
沒有 　　　　　動 ない、いない

109

ナー イー ガ ズェイ ハオ チー
哪一個最好吃？

ㄋㄚ ˇ ㄧ ˉ ・ ㄍㄜ ㄗㄨㄟ ˋ ㄏㄠ ˇ ㄔ
nǎ yíge zuì hǎochī

【どれが一番おいしい？】

超ストレートですけど、自分で悩むよりもこうやって聞く方が旅行が楽しく
なりますよね。全部美味しいよって返されると、(そうじゃないんですよ) って
思いますけど。

 サクサク 使える！ **ミニ会話**

ラオ バン チン ウェン ナー イー ガ ズェイハオ チー
老闆請問 哪一個最好吃？
オーナー、一番美味しいのはなんですか？

ドウ ハオ チー アー
都好吃啊！
全部美味しいよ！

単語＆解説

ナー
哪… 題 どれ

ガ
個… 量 個

ズェイ
最… 副 一番・最も

ドウ
都… 副 全部・いずれも

アー
啊… 語 注意を促したり念を押したりする

136

ジアオ ゲイ ニー ラ
交給你了！

ㄐㄧㄠ ㄍㄟˇ ㄋㄧˇ ˙ㄌㄜ
jiāo gěi nǐ le

【任せます！】

ちなみに自分に任せてください！は包在我身上 [バオ ザイ ウォ シェン シャン] と言います。

ニー シィアン チー シェン マ
你 想 吃 什麼？
何食べたい？

ウォ ドウ カー イー　　　ディエンツァンジョウジアオ ゲイ ニー ラ
我 都 可以！ 點 餐 就 交給你了！
何でもいいよ。注文は任せた！

単語&解説

ジアオゲイ
交給 …… 動＋介 任せる

チー
吃 …… 動 食べる

シェンマ
什麼 …… 疑 何

ディエンツァン
點 餐 …… 動＋名 注文

ニー ヨウ タオ イェン チー シェン マ マー
你有討厭吃什麼嗎？

ㄋㄧ ˇ ㄧㄡ ˇ ㄊㄠ ˇ ㄧㄢ ˋ ㄔ ㄕㄣ ˊ ·ㄇㄜ ·ㄇㄚ

nǐ yǒu tǎoyàn chī shénme ma

【嫌いなものある？】

お店に入って注文する前にこれが聞けたらかっこいいですよね。相手の嫌いなものを避けたり、好きな料理を選ぶために使います。

 サクサク 使える！ **ミニ会話**

ニー ヨウ タオイェンチーシェン マ マー
你有討厭吃什麼嗎？
なにか嫌いなものある？

メイ ヨウ　　ウォ ドウ チー
沒有，我都吃。
ないよ、何でも食べる。

単語＆解説

タオイェン
討厭… **状** 嫌う

チー
吃…… **動** 食べる

シェンマ
什麼… **疑** 何か

マー
嗎… **語** 文末につけて疑問を表す

ブー　ヤオ　シィアン　ツアイ
不要香菜!!

ㄅㄨˋ ㄧㄠˋ ㄒㄧㄤ ㄘㄞˋ
búyào xiāngcài

【パクチー抜きで！】

台湾ではパクチーがいろんな料理にことあるごとに入ってくるので、嫌いな人は先に言いましょうね。

サクサク使える！ ミニ会話

ラオ バン ウォ ヤオ イー ワン ミィエンシィエン　ブー ヤオ シィアンツアイ
老闆我要一碗麵線，不要香菜。
あのう、そうめん一つパクチー抜きで。

ハオ ダ
好的！
あいよー

単語＆解説

ヤオ
要　**動** 頼む・注文する

ミィエンシィエン
麵線　**名** 素麺のような台湾B級グルメ

ブーヤオ
不要　**動** 要らない

ハオ ダ
好的　**慣** 了解・同意などを表す

113

チェ　ガ　フウェイ　ラー　マー
這個會辣嗎？

ㄓㄜˋ・ㄍㄜ ㄏㄨㄟˋ ㄌㄚˋ・ㄇㄚ
Zhège huì là ma

【これ辛いですか？】

台湾の友人から、「日本の辛いって赤いだけだよね？」と言われるくらい、台湾の辛さは日本のレベルと段違いなので、みなさん気をつけてください。

サクサク使える！ ミニ会話

> チンウェンチェ ガ フウェイラー マー
> 請問這個會 辣嗎？
> あのう、これ辛いですか？

> イーディエンディエン
> 一點點。
> ちょっとだけ。

単語＆解説

チンウェン
請問……慣 伺いたいんですが

チェ ガ
這個……代 これ

ラー
辣……形 辛い

140

【ねぇ、これ超おいしい】

欸 [エッ]（呼びかけの言葉）を使って、ねぇ！これ超おいしいんだけど！と相手に驚きを伝えます。この欸 [エッ] は目上の人に使ったらいけませんよ。

サクサク使える！ ミニ会話

欸、這個超好吃的！
ねぇ、これ超美味しい。

真的嗎？分我一口。
本当？一口ちょうだい。

単語 & 解説

欸 …… 感 聞き手の注意を喚起することを表す
好吃 …… 形 おいしい（食べるのに）
分 …… 動 分ける

一口 …… 量 一口

141

フェン ウォ イー コウ
分我一口
ㄈㄣ ㄨㄛˇ ㄧ ㄎㄡˇ
fēn wǒ yìkǒu

【一口ちょうだい】

相手の料理を一口分けてもらいたいときに使います。友人や家族との食事など、親密な関係にある人たちの間で使うことが多いです。上司や目上の人との食事など、フォーマルな場面では避けた方が無難です。

 サクサク使える！ ミニ会話

ニー ナー ガ ハオシィアンヘン ハオ チー　フェンウォ イー コウ
你那個好像很好吃，分我一口。
それ美味しそう、一口ちょうだい。

オ　カーイー アー
喔，可以啊。
うん、いいよ。

単語＆解説

ハオシィアン
好像 …… 副 ～そうだ・～気がする・～みたい
だ

イーコウ
一口 …… 量 一口

フェン
分 …… 動 分ける

ウォ ヤオ ザイ ライ イー フェン
我要再來一份！

ㄨㄛˇ ㄧㄠˋ ㄗㄞˋ ㄌㄞˊ ㄧˊ ㄈㄣˋ

wǒ yào zài lái yīfèn

【おかわりっ！】

一份［イー フェン］は一つ分という意味で、もう一回同じ量が来ます（必ず
しも一人前ではないです）。もし飲み物を頼みたい場合、再來一杯［ザ
イ ライ イ ベイ］と言います。

サクサク使える！ ミニ会話

ラオ バン チェ ガ ウォ ヤオ ザイ イーフェン
老闆這個我要再來一份！
オーナー、これおかわり。

ハオ　　マーシャン ライ
好，馬上來。
はい、すぐ持っていきます。

単語＆解説

ザイ
再 …… 副 再び・もう一度

ライ
來 …… 動 よこす・持ってくる

イーフェン
一份 …… 量 一つ・一点・一人前

マーシャン
馬上 …… 副 すぐ・直ちに

117

ニー チー カン カン
你吃看看！
ㄋㄧ ˇ ㄔ ㄎㄢ ﹨ ㄎㄢ ﹨
nǐ chī kànkàn

【食べてみて！】

動詞+看看 [カン カン] で「試してみて！」という意味になります。

 サクサク 使える！ **ミニ会話**

チェ ガ ジゥ シー オ ア チェン　ニー チー カン カン
這個就是蚵仔煎，你吃看看。
これがオアチェン。食べてみて。

ティエン アー　ハオ ハオ チー オ
天 啊！好好吃喔！
ヤバ、うますぎ！

単語＆解説

オ ア チェン
蚵仔煎 **名** 台湾Ｂ級グルメの一種、牡蠣
オムレツとも訳される。 オア
チェンは台湾語の発音

ティエン アー
天 啊 **感** ヤバい・すごい

ハオ バオ
好飽 …
ㄏㄠˇ ㄅㄠˇ
hǎo bǎo

【お腹いっぱい…】

逆にお腹が空いているときには好餓［ハオ ウァー］と言います。

サクサク使える！ ミニ会話

ハオシィアンチー タイドゥオ ラ　ハオ バオ
好像 吃太多了，好飽…
ちょっと食べすぎてお腹いっぱい。

ドゥェイ ア　ウォイエシー
對 啊，我也是！
そうだね、私も。

単語＆解説

ハオシィアン
好像 … 副 ～みたいだ・～気がする

タイ ラ
太～了 … 文 あまりにも～すぎる

119

TRACK 119

チェ　ガ　カー　イー　ダー　バオ　マ

這個可以打包嗎？

ㄓㄜˋ ・ㄍㄜㄎㄜˇ一ˇ ㄉㄚˇ ㄅㄠ ・ㄇㄚ

zhège kěyǐ dǎbāo ma

【持ち帰り用に包んでもらえる？】

うわー食べきれなかった！というときに、台湾ではお店に包んでもらって持ち帰るというのがよくあります。特に若者は持って帰らされがちです。

サクサク使える！ ミニ会話

> チェ　ガ　カー　イー　ダー　バオ　マ
> 這個可以打包嗎？
> これ持ち帰り用に包んでもらえますか？

> ハオ　タ　　　　チンシィアオダン
> 好的！請稍等。
> かしこまりました！少々お待ちください。

単語＆解説

ダーバオ
打包 …… 動 持ち帰るために包む

シィアオダン
稍等 …… 副＋動 少々お待ちください

ブー ハオ イー スー　　ウォ ヤオ ジェ ヂャン
不好意思，我要結帳
ㄅㄨˋ ㄏㄠˇ ㄧ ˙ㄙ　ㄨㄛˇ ㄧㄠˋ ㄐㄧㄝˊ ㄓㄤˋ
bùhǎoyìsi, wǒ yào jiézhàng

【お会計よろしくお願いします】

買い物やサービスを受けた後、お店や施設で支払いをするときに使います。

サクサク使える！ **ミニ会話**

ブー ハオ イー スー　　ウォ ヤオ ジェ ヂャン
不好意思，我要結帳。
すみません。お会計よろしくお願いします。

ハオ ダ
好的！
はーい！

単語＆解説

ブーハオイースー
不好意思 ……… 慣 すみません

ジェヂャン
結帳 ………→ 動＋名 お会計をする

ハオ ダ
好的 ……… 慣 同意を表す

147

5 食事

うさぎ

 これから小籠包^{ショウロンポウ}食べるよ！
いただきます！！

小籠包を食べるときはね

 めちゃくちゃ
熱いんだけどー！

中のスープが熱いから、まずレンゲの上に置いてお箸で開いて冷ますといいよ。

もう！先に言ってよ！

先に言おうとしたのに！

 **台湾グルメ**

小籠包 [シィアオ ロン バオ]	ショウロンポウ
珍珠奶茶 [ジェン チュー ナイ チャー]	タピオカミルクティー
滷肉飯 [ルー ロウ ファン]	ルーロー飯
刈包 [グアーバオー]	台湾バーガー
台灣啤酒 [タイ ワン ピー ジゥ]	台湾ビール
鳳梨酥 [フォン リー スー]	パイナップルケーキ
烏魚子 [ウー ユー ズ]	カラスミ
芒果 [マン グォ]	マンゴー
芭樂 [バー ラー]	グァバ
烏龍茶 [ウー ロン ツァー]	ウーロン茶

INDEX

絵から引けるさくいん

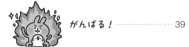

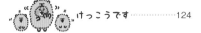

た行

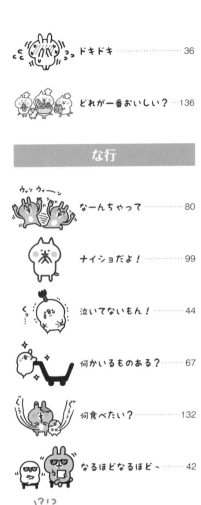

な行

は行

ま行

や行

注音符号とピンインの対照表

ㄅ	ㄆ	ㄇ	ㄈ	ㄉ
b	p	m	f	d
ㄏ	ㄐ	ㄑ	ㄒ	ㄓ
h	j	q	x	zh,zhi
ㄙ	ㄧ	ㄨ	ㄩ	ㄚ
s	y,-i	w,-u	y,-ü	a
ㄠ	ㄡ	ㄢ	ㄣ	ㄤ
ao	ou	an	en	ang
ㄨㄟ	ㄧㄡ	ㄧㄥ	ㄧㄝ	ㄩㄝ
wei,-ui	you,-iu	ying,-ing	ye,-ie	yue,-üe

ㄊ	ㄋ	ㄌ	ㄍ	ㄎ
t	n	l	g	k
ㄔ	ㄕ	ㄖ	ㄗ	ㄘ
ch,chi	sh,shi	r	z	c
ㄛ	ㄜ	ㄝ	ㄞ	ㄟ
o	e	ê	ai	ei

ㄥ	ㄦ
eng	er

ㄩㄣ
yun,-ün,-un

●著者紹介

イラスト：カナヘイ　Kanahei

イラストレーター・漫画家。
ガラケー向けのイラスト配信から全国でブームとなり、2003年に女子高生イラストレーターとして「Seventeen」(集英社)にてプロデビュー。
以降、出版、モバイルコンテンツ、企業広告、キャラクターコラボ、「りぼん」(集英社)での漫画連載など幅広い活動を続け、20〜30代の男女を中心に多くのファンを持つ。
「ピスケ＆うさぎ」を中心とした「カナヘイの小動物」シリーズは国内外でグッズ展開されており、LINE主催のアワードではグランプリのほか受賞多数。

文：Iku老師　Ikulaoshi

総フォロワー数60万人超えの台湾インフルエンサー(YouTube 42万人、Facebook 26万人)。日台の旅行やグルメ、文化の違いを多数紹介。大学や高校での講演実績多数。台湾師範大学で中国語を学び、その後、日本語教師をしながら台湾現地最大の語学系出版社に入社、総編集長を務める。現在は独立し、日台の政府や企業から仕事を受けながら台湾生活13年目に突入。著書は30冊以上。

文の監修：台湾政府認定フォルモサ台湾華語教室
　　　　　連 玉靜（レン ギョクセイ）校長／黄 嬫婷（ホアン メイティン）講師

2011年、当時は全国でも珍しい台湾華語専門の常設教室を大阪市に開校。現在はフォルモサ株式会社として、台湾人の講師やスタッフで台湾華語教室をはじめ台湾への大学進学サポート、通訳、翻訳、主に台湾人向けの日本語教室、日台留学サポートや台湾イベントなどさまざまな台湾関係の事業を展開する。

カナヘイの小動物
ゆるっと♥カンタン台湾華語会話

イラスト	カナヘイ
カバー・本文デザイン／DTP	秋田 綾（株式会社レミック）
ナレーター	王怡人・藤田みずき
編集協力	黄彦凱
編集	野坂 愛佳

令和5年（2023年）5月10日　　初版第1刷発行
令和5年（2023年）6月10日　　　第2刷発行

著者	カナヘイ／Iku老師
発行人	福田富与
発行所	有限会社Jリサーチ出版
	〒166-0002　東京都杉並区高円寺北2-29-14-705
	電　話　03（6808）8801（代）　FAX 03（5364）5310
	編集部　03（6808）8806
	https://www.jresearch.co.jp
印刷所	株式会社　シナノ パブリッシング プレス

ISBN978-4-86392-592-2